여성과
평화

여성과 평화

초판 1쇄 발행 2017년 8월 8일

지 은 이	박정진
발 행 인	권선복
편 집	권보송
디 자 인	김소영
전 자 책	천훈민
마 케 팅	권보송
발 행 처	도서출판 행복에너지
출판등록	제315-2011-000035호
주 소	(157-010) 서울특별시 강서구 화곡로 232
전 화	0505-613-6133
팩 스	0303-0799-1560
홈페이지	www.happybook.or.kr
이 메 일	ksbdata@daum.net

값 15,000원

ISBN 979-11-5602-496-5 (03150)

도서출판 행복에너지는 독자 여러분의 아이디어와 원고 투고를 기다립니다. 책으로 만들기를 원하는 콘텐츠가 있으신 분은 이메일이나 홈페이지를 통해 간단한 기획서와 기획의도, 연락처 등을 보내주십시오. 행복에너지의 문은 언제나 활짝 열려 있습니다.

여성과 평화

박정진 지음

도서
출판 행복에너지

세계평화여성연합 세계회장 **문연아**

　2017년, 세계평화여성연합 창립 25주년을 맞이하여 우리는 소중한 저서를 접하게 되었습니다. 세계일보 평화연구소장으로 수고하고 계시는 박정진 소장님께서 이번에 『여성과 평화』라는 책을 발간하셨습니다.

　일찍이 1992년 4월 10일, 세계평화여성연합을 창설하신 문선명·한학자 총재님께서는 인류의 갈 길을 여성시대, 해양시대, 평화시대로 열어주셨습니다. 그렇게 열어주신 대로 지금 인류는 소통과 공감의 중요성에 새로운 눈을 떠가며 여성성의 가치에 주목하고 있습니다. 그리고 기후변화와 인구 및 식량문제 등으로 해양산업이 새로운 블루오션으로 떠오르고 있습니다. 이 모든 변화는 어디를 향하고 있는 것일까요? 바로 21세기 생명과 평화세계를 소망하는 인류의 지혜가 그 방향으로 모아지고 있다고 생각합니다.

　이처럼 '여성', '바다', '평화'라는 화두가 절실해지는 오늘날, 『여성과 평화』는 우리들에게 시대를 보는 힘과 미래를 여는 눈을 제공하고 있습니다. 특별히 『天聖經』, 『平和經』, 『참父母經』에 나타난 말씀 중에 여성연합에 관련된 말씀을 음미하고 그 내용을 인문학적으로 연결지어 새롭게 표현해내신 그 수고에 깊은 감사를 드립니다.

여러분도 잘 아시다시피, 세계평화여성연합은 한국에서 여성단체로는 최초이자 유일하게 UN NGO 제1영역 자문기관(UN경제사회이사회에서 부여하는 NGO 최상위 지위인 포괄적 협의지위)을 1997년부터 유지하고 있습니다. 이처럼 세계 앞에 인정받을 수 있도록, 전 세계 100여 개국에서 많은 여성연합 회원들이 꾸준한 봉사와 나눔을 실천하고 있습니다.

여성연합은 계속적으로 'Vision 2020'의 목표를 중심하고 생명과 평화시대를 일구는 일에 앞장서 가고자 합니다. 특히 한반도 평화통일과 세계평화를 위한 여성의 역할에 충실하고자 합니다. 이상세계의 주역이 될 여성의 역할과 가치를 풍부한 인문학적 내용과 회통시켜 소개해주신 수고에 대해 다시 한번 감사드립니다. 우리시대 여성운동, 참가정운동, 평화운동에 새로운 이정표가 될 것을 믿어 의심치 않습니다.

감사합니다.

2017년 6월

여성, 바다, 평화

"여성은 모든 것을 '받아' 주는 존재다. 그래서 '바다'이다.
평화는 모든 존재를 포용하는 마음이다. 여성은 바다이고 평화이다."

　　지금 세계는 여성시대로 완전히 접어들었다. 한국도 그 대열에서 뒤지지 않고, 도리어 앞서가고 있다고 해도 과언이 아니다. 오늘날 세계 여성골프계LPGA를 휘어잡고 있는 나라는 한국이다. 한국은 세계 여성골프계에서 여성군단을 형성하고 있다고 해도 과언이 아니다. LPGA에서 한국 여성 골퍼가 3분의 1을 차지하고 있을 정도이다.

　　1979년에 영국 총리가 되어 최장기 집권(3기 연임)한 마가렛 대처 수상은 너무나 유명한 여성총리이지만, 테레사 메이 총리가 여성으로 두 번째 총리가 되어 지금 그녀의 뒤를 잇고 있다. 그리고 세계에서 가장 영향력 있는 인물로 포브스지가 선정한 독일의 메르켈 총리도 현재 훌륭한 지도자로 유럽연합을 이끌고 있다. 이밖에도 네팔의 반다리 대통령이 지난해 당선되었는데 네팔은 국회의장

도 여성이고, 하원의 3분의 1이 여성인 것으로 유명하다. 그렇기 때문에 여성 총리나 국가원수를 거쳐 간 인물이 적어도 20~30여 명 안팎에 이르고 있다.

여성이 국가의 원수 또는 수상이 되어서 가장 역사적 성과를 이룬 나라는 영국이다. 영국은 엘리자베스 1세의 등정과 함께 대영제국Great Britain이 되었으며, 엘리자베스 3세가 여왕으로서 국가원수를 훌륭하게 수행하면서 영연방을 이끌고 있다. 미국은 공화당의 트럼프와 경선했던 민주당의 힐러리 클린턴이 비록 대통령에 성공하지는 못했지만 미국 최초의 여성 대통령 후보자가 됐다.

현재 대한민국 국회에서 여성 국회의원은 총의석수 300명 중에서 17%인 51명을 차지하고 있고, 앞으로 더욱 그 비율이 올라갈 전망이다. 더불어민주당의 총재가 된 추미애 의원, 서울시장 경선에 나선 바 있는 나경원 의원(자유한국당)을 비롯해 쟁쟁한 인물들이 많다. 재계의 여성경영자들을 보면 현정은(현대그룹 회장), 이부진(호텔신라 사장), 최은영(유수홀딩스 회장), 정유경(신세계그룹 백화점부문 총괄사장) 등이 잘 알려져 있다.

국가라는 제도는 물론 가부장-국가사회의 연장이고, 국가라는 제도가 있는 한, 국가의 남성의 통치적 특성은 무시할 수 없을 것이다. 국가는 무엇보다도 전쟁의 산물이고, 남성은 여성보다는 전투적 동물이다. 그런 점에서 국가 간의 패권경쟁이 치열하면 세계의 정치권력은 인간의 남성성을 더 요구하겠지만 만약 인간이 평화를 더 추구하게 된다면 여성성이야말로 평화의 근본적인 흐름을 이끌 것임에 틀림없을 것이다.

물론 여성성의 약점도 많다. 정치적 지배력 혹은 장악력이 부족하다는 점이다. 지금까지 인류의 권력엘리트 중에는 여성이 여전히 소수이고, 여성은 공적인 공간보다는 사적인 공간, 공적인 정의보다는 사적인 인정을 우선하는 경향이 있다. 말하자면 아이를 배고 키우고 하는 데에 결정적으로 필요한 여성성, 즉 모성애나 헌신적인 정신 등은 승패를 겨루는 전쟁이나 경쟁에는 불리하기 때문이다. 여성은 남성보다는 상대적으로 평화적 동물이다. 여성은 가정을 이끌기에는 유리하지만 국가를 이끌기에는 불리하다.

그렇지만 이제 인류는 여성시대, 평화시대를 향하고 있다. 물론 그 과정에서 도리어 인류의 패권주의가 단기적으로 두드러지고, 인류의 공멸을 초래할 핵전쟁의 가능성 등이 염려되지 않는 것은 아니지만, 그래도 만약 인류가 지구상에서 지속된다면 결과적으로 평화에 대해 눈을 떴기 때문일 것이고, 인류가 평화—마인드Peace-Mind를 인간 각자의 마음속에 간직하고 그것에 절대다수가 공감하고, 역사를 그렇게 운영했기 때문일 것이다.

여성시대에는 한국이 유리하다. 그 이유는 여성의 능력이나 잠재력 면에서 한국이 다른 나라들에 비해 상대적으로 비교우위에 있기 때문이다. 그 이유는 부끄럽게도 여성이 아니면 한국은 나라를 유지하지 못했을 정도로 남성성이 취약한 나라였기 때문이다. 한국은 주변 강대국으로부터 끊임없는 침략을 당해왔으며, 조선조에 들어 특히 중국에 사대하고, 끝내 일본에 식민을 당하는 수모를 겪었다. 한국 여성의 은근과 끈기가 아니었으면 한국은 나라를 회복하지 못했을 것이다.

이제 시대가 변하여 남성성의 발휘라고 볼 수 있는 침략과 정복은 지구촌에서 점차 물러가고 있으며, 여성을 중심으로 이루는 평화시대에 들어가고 있다. 가부장—국가(제국)시대에는 땅의 정복과 합병에 의해 영토를 넓히는 것이 큰 업적이었다. 그러나 이제 육지의 가치는 점차 퇴색하고 있다. 땅덩어리가 큰 국가는 그것만으로 큰 대우를 받지 못하고 있고, 경제력과 문화능력이 큰 나라가 강대국이 되고 있다. 육지를 개발하는 데는 한계에 도달했고, 이제 인류는 눈을 바다로 돌리지 않으면 식량을 비롯하여 인간이 필요로 하는 물자를 공급할 수가 없는 처지가 되어가고 있다.

지금까지 인류는 땅에 의존해서 살아왔다고 해도 과언이 아니다. 땅에서 농사와 목축을 할 수 있고, 땅에서 광물과 석탄·석유를 채취하여 산업을 일으키며 인구를 부양해왔다. 18세기 산업혁명, 20세기 전자혁명에 이어 인터넷으로 상징되는 21세기 정보혁명을 맞이하게 된 인류는 지구촌의 시대를 맞았고, 삶의 공간을 이제 우주공간으로 연장할 꿈을 꾸고 있다. 그만큼 지구는 상대적으로 하나의 마을, 지구촌에 가깝게 시공간적으로 좁혀진 셈이다.

지구가 지구촌으로 탈바꿈하는 것과 함께 지구의 땅에서는 육지에 못지않게 바다의 효용성이 증대될 것이 예상된다. 바다는 무역과 항해의 장소라기보다는 인류의 먹을거리를 생산하고 양식하는 장소로 각광 받을 것이 예상된다. 이에 따라 바다의 영토화에 인류가 각축전을 벌일 것으로 보인다. 그러나 바다는 육지와 달리 인류의 공유면적이 넓은 게 사실이다. 육지는 모자이크처럼 국경선으로 금을 긋고 있지만 바다는 특정 국가의 영토에서 일정거리를 넘으면 모두 공해公海가 된다. 바다는 공해를 중심으로 하고 있고, 각국의 영해는 주변이다.

바다가 공유면적이 넓고 공해가 중심을 이루고 있다는 것은 바로 여성성에 내재하고 있는 세계의 공통성 및 일반성과 맥을 같이한다. 그래서 여성성은 흔히 바다로 은유되기도 한다. 육지는 실은 넓은 바다의 입장에서 바라보면 대륙이라도 바다에 떠 있는 큰섬에 불과하다. 육지의 특성에서 비롯되는 영토전쟁과 권력경쟁과 패권경쟁은 초월성 및 보편성을 추구하도록 만들었다.

이제 시대는 변했다. 지금 우리 시대는 여성시대, 바다시대이다. 바다는 인간의 가장 큰 자원의 보고로 등장할 것이 기대된다. 우주도 인간의 삶의 새로운 공간으로 각광을 받고 있지만, 그보다먼저 인간에게 새로운 '블루오션'으로 등장한 것은 바로 오션, 즉바다이다. 바다는 우주보다 훨씬 비용이 절감될 뿐만 아니라 인간이 지상에서 바로 이용할 수 있는 또 다른 장소이기 때문이다. 바다는 우주보다 훨씬 이용하기 쉽고 비용도 적게 든다.

지금까지 바다는 무역과 전쟁을 위한 장소로 여겨졌지만 이제새로운 식량의 생산 장소로, 새로운 광물과 자원의 채굴장소로, 그리고 새로운 영토로도 새롭게 각광을 받고 있다. 인류는 그동안주로 강 주변에서 문명을 일구고 삶을 영위해 왔다. 물론 바다를면한 국가는 그곳에서 각종 물고기를 잡으며 식량을 보탰다. 바다가 본격적으로 각광을 받은 것은 아마도 15~17세기 지리상의 발견시대를 거쳐 세계가 하나의 무역시장이 되고부터이다.

바다는 강의 물줄기가 모두 모이는 곳으로 무엇보다도 세계가 하나라는 것을 상징한다. 어떤 강물도 바다를 피할 수 없다. "바다는 어떤 물도 마다하지 않는다海不讓水."는 말이 상징하듯이 바다는 지구의 마지막 생존의 보고요, 삶의 터전이다. 바다의 이러한 포용하는 모습은 어떤 것도 사랑과 용서와 인내로써 포용하는 여성의 부덕婦德과 닮았다.

바다(오대양)는 육지(육대주)를 포용하고 있다. 마치 어머니가 양수로 태아를 감싸고 있는 것과 흡사하다. 대륙을 중심으로 보는 것보다 바다를 기준으로 보면 세계는 확실하게 하나이다. 세계는 하나의 바다 위에 떠 있는 섬과 같다. 바로 그 바다가 상징하는 의미가 여성이고, 여성은 하나의 매트릭스(자궁의 의미가 있다)처럼 세계를 지구촌으로 연결할 수 있는 감성적 존재, 평화의 존재이다.

인류의 역사를 돌이켜보면, 남성들은 인간의 문화를 자신들에게 유리한 권력의 형태로 변형시키면서 여성을 소외시키고 역사를 이끌어왔다. 남성은 역사의 주인이 되고, 여성은 대체로 피동적으로 움직여 왔다. 남성 중심 사회는 기본적으로 권력사회이고, 그 바탕에는 최종적 힘겨루기로서의 전쟁이 깔려 있었던 것이다. 그래서 어디에선가는 보다 강력한 무기가 생산되고, 그 무기는 언젠가는 사용하게 되는 것이 전쟁패러다임이다.

남성 중심 사회는 지배를 위한 사회이고, 그 도덕주의의 어딘가에는 여성을 소외·배제·격리시키는 장치가 숨어 있다. 그러나 여성 중심 사회는 모든 것을 끌어안는 것이 특징이다. 여성 중심 사회는 예컨대 범법자들까지도 사랑으로 끌어안는다.

여자의 부덕婦德과 도道는 제외하는 것이 없다. 여자의 도는 모두 받아들이고 끌어안는다. 마치 모든 강물을 받아들이는 바다와 같다. '지배의 도'에 충실한 아버지는 잘난 자식을 자랑스러워하지만, '포용의 도'에 충실한 어머니는 못난 자식을 끌어안고 더욱 더 사랑한다. 여자의 도는 '도덕경'의 도이다. 도덕경의 도는 장자의 제물齊物이고, 일물一物이다. 여자는 만물과 교감하고 있다.

주역에서 소녀가 소남 위에 있는 것이 '함咸괘=택산澤/山'이다. 함괘는 비어 있으면서 모든 것을 받아들이는 여성성以虛受人을 말한다. 함괘에 마음 심心이 붙으면 감感자가 된다. 그래서 함은 감이라고 말한다. 말하자면 비어 있어야 제대로 느끼게 되는 것이다. 여성은 비어 있다. 그래서 만물을 느낄 수 있는 것이다. 진정한 여자, 참 여자, 참 어머니는 무심無心으로 세상에 감응하는 존재이다.

남성 중심 사회는 항상 진리나 정의를 앞세운다. 그러나 진리와 정의 속에는 이미 권력의 의지에 따른 정치와 전쟁이 숨어 있다. 예컨대 팍스 아메리카나Pax-Americana의 팍스Pax=Peace에는 평화의 의미가 있지만 미국 중심의 세계체제가 될 때 세계질서와 평화가 유지된다는 패권주의를 내포하고 있는 것이다. 남성 중심 사회는 결국 전쟁 패러다임 속에 있다. 전쟁 패러다임 속 그 사이사이에서 잠시 평화를 운위하는 것이다. 전쟁으로 원천적인 평화를, 영원한 평화를 달성할 수 없다. 전쟁 속의 평화는 한시적인 평화일 뿐이다. 그래서 인류문명의 전쟁패러다임을 평화패러다임으로 바꾸어야 하는 것이다. 이것이 여성시대이다.

전쟁욕구는 평화(평상) 시에는 스포츠sport나 영화screen, 섹스sex, 도박 등으로 해소되거나 은폐되어 있지만 이들 문화산업들이 남성들의 경쟁이나 욕구를 완전히 불식시키는 것은 아니었다. 가부장—국가사회의 전쟁 패러다임에 대한 전면적인 부정을 통해 평화로의 패러다임쉬프트paradigm-shift가 절실한 것이 오늘의 인류문명이다. 왜냐하면 핵폭탄을 비롯해서 대량살상 무기가 범람하고, 이로 인해 무기적 본능이 또 다른 세계전쟁의 불씨가 될지도 모르기 때문이다.

물론 전쟁패러다임 속에서도 평화를 위한 노력, 예컨대 국제연맹에 이은 국제연합UN의 창설, 그리고 크고 작은 평화운동 등의 노력이 있었지만, 1, 2차 세계대전이 일어났던 것을 인류는 잊어서는 안 된다. 특히 오늘날도 끊이지 않는 지역분쟁, 종교분쟁, 인종분쟁은 평화를 위한 획기적인 사고방식의 전환, 삶의 태도에 대한 근본적인 반성 없이는 해결되지 않을 전망이다.

인류의 생존과 번영과 평화를 위해 보다 근본적인 것이 무엇인가를 찾던 중 가장 현저한 발견이 바로 여성성을 중심으로 하는 인류문명의 대전환이다. 또한 평화적 네트워크를 중심으로 인류공동체를 만들어가는 노력, 그리고 모계신화의 발굴을 통한 새로운 신화의 구축이 과제로 떠올랐다. 평화패러다임은 여성 중심 사회가 되어야 달성되는 것이며, 여성 중심 사회는 비록 전쟁이 있다고 하더라도 평화 속의 질투와 같은 것일 수밖에 없다.

서양이 주도하는 현대문명은 항상 심리적으로 스스로를 세상에 던져진(자궁으로부터 밖으로 던져진) '밖의 존재'라고 여기고, 그렇기 때문에 어머니는 없고(여자만 있고) 따라서 밖에서 문제를 만들고 문제를 해결하는 방식을 취한다. 양적이고, 물리적이고, 자기팽창적이다. 다시 말하면 서양 사람들은 안에서 문제를 해결하려고 하지 않는다. 자기수렴적이지 못하다. 이 말은 자기수행적이지 못하다는 말이다. 그래서 구원도 밖에서 받으려고 한다. 서양 사람들에게 '구원의 아버지'(하나님 아버지)는 있어도 '구원의 어머니'(하나님 어머니)는 없다. 하지만 평화를 위해서 하나님 아버지에게 기도하는 것보다는 갓난아이에게 젖을 물리고 있는 어머니를 떠올리는 것이 보다 평화적인 모습이고, 실지로 진정한 평화를 닮고 있는 것이다. 그럼에도 지금껏 가부장-국가사회는 평화를 위한다는 명목으로 전쟁을 일으켰으며, 적이나 악을 물리친다는 명분으로 전쟁을 미화했던 것이다. 인류의 영웅담이라는 것은 대체로 그러한 것이다.

평화와 인류애를 표방하는 고등종교라는 것도 원시종교, 예컨대 샤머니즘보다 합리적이고 이성적인 교리체계를 갖추고 있지만 국가 간, 혹은 종족 간의 갈등과 전쟁의 명분의 도구로 이용된 경우가 많았으며, 때로는 종교 자체가 정의의 명분으로 선교를 위해서 전쟁의 전략을 택하기도 했다. 전쟁의 가장 큰 피해자는 어린이이며, 그 다음이 여성이다. 이를 거꾸로 보면 여성과 어린이는 전쟁을 본능적으로 싫어할 수밖에 없으며, 평화주의자가 되지 않을 수 없고, 그 자체가 이미 평화인 것이다. 평화로 위장된 남성의 덕성보다는 삶 자체를 즐기는 여성적 덕목이 더 평화적인 것이다.

인구의 증가와 더불어 일종의 생존전략으로서 모계사회의 가부장사회로의 전환이 일어났지만 이제 다시 모성 중심 사회로 돌아가지 않으면 안 된다. 인구가 적었을 때, 말하자면 마을사회였을 때에 가능하던 모계사회로 돌아갈 수는 없지만, 오늘의 인류는 모계사회의 덕목을 되살리면서 여성 중심 사회로 나아가는 것이 평화를 달성하는 지름길임을 알 수 있다.

일·가정 양립사회를 지향하는 여성정책과 사회 시스템 확보는 우리들의 행복지수를 높이는 것은 물론 21세기 생명과 평화시대를 열어가는 탁월한 지혜이다. 그러한 지혜를 모색하고 나누는 일에 세계일보 평화연구소는 앞장서고자 한다. 평화연구와 평화교육은 오늘날 수많은 글로벌 위기들, 즉 기후변화, 종교와 테러리즘, 난민문제 등을 극복하고 우리들의 평화의식을 증진시키는 데 결정적인 역할을 하게 될 것이다.

2017년 싱그러운 봄날, 특별히 이번 『여성과 평화』를 지으면서 거문도 해양천정궁을 다녀왔다. 해양천정궁 일대와 거문도 등대 등을 답사하며 세계평화여성연합 창시자인 문선명·한학자 총재님의 해양섭리에 대해 숙고할 수 있었다. 그리고 총재님의 말씀(세계평화통일가정연합, 『天聖經』, 『平和經』, 『참父母經』)을 많이 훈독했다. 총재님 양위분의 말씀에 나타난 여성성과 심정心情의 사태가 세상에 잘 소개되기를 기도할 뿐이다. 함께 훈독하고 토론해준 평화연구소의 조형국 박사에게 고마운 마음을 전한다. 『여성과 평화』의 중요성에 공감하고 총재님 양위분의 말씀 이해와 자료 해석에 힘써준 수고

에 큰 힘을 얻었다. 아울러 삭막한 세상에 행복에너지, 긍정에너
지를 불어넣기 위해 힘쓰는 도서출판 행복에너지 권선복 사장에게
도 감사의 마음을 전한다.

2017년 5월 15일

心中 박정진

목차

1장

우주의
근본을
찾아서

"오늘 본인은 '우주의 근본을 찾아서!'라는 제목으로 말씀드리겠습니다. 우리가 우주의 근본을 찾아 들어가면 하나님께 귀착되는데, 그분은 남성격과 여성격의 두 가지 성품을 소유하고 계시는 분이라는 것을 알아야겠습니다. 우주 출발의 원인이 어떻게 되어 있습니까? 하나님에 대해서는 아직 모른다고 하더라도 우리 인간은 남자와 여자, 주체와 대상으로 되어 있습니다. 광물계의 분자를 보면 양이온과 음이온으로 구성되어 있고 식물계는 수술과 암술, 동물계는 수컷과 암컷, 그리고 인간은 남자와 여자로 되어 있음을 볼 수 있습니다."('우주의 근본을 찾아서', 『平和經』, 219쪽)

1. 1996년 9월 15일, 문선명 총재는 세계평화통일가정연합 185개국 결성 한국대회를 통해 '우주의 근본을 찾아서'라는 말씀을 선포하셨다. 여기서 문 총재는 우주와 사랑의 근원은 하나님이며 하나님은 남성격과 여성격의 성품을 지니고 계시다고 밝히셨다. 이는 『원리강론』에서도 확인할 수 있는 바, 문 총재는 일찍이 사랑과 평화세계를 위한 하나님의 심정과 여성성의 사태에 대해 깨달았던 것이다.

여성성에
주목하다[1]

　우주의 근본은 무엇일까. 사실 우리는 근본에 대해 말하지만 이미 '근본'이라는 말에 자기원인적인 의미를 부여하고 있다. 인류역사를 통해 여러 지혜로운 사람들과 선각자들이 그것에 대해 나름대로 말해왔다. 우주는 근본적으로 남성성일까, 여성성일까? 아버지일까, 어머니일까?

　동양의 우주생성원리에 따르면 우주는 태극(무극)에서 음양(태극)으로 나뉘면서 만물을 생성한 것으로 되어 있다. 기독교 성경에 따르면 하나님 아버지가 천지창조를 한 것으로 되어 있다. 통일교의 원리[2]는 동양의 음양원리를 토대로 서양의 하나님 아버지를 재

---

1. 이 글은 『통일세계』(세계평화통일가정연합, 2015년 6월호, 527호) 94-98쪽에 게재된 것이다.
2. 세계평화통일가정연합, 『원리강론(54쇄, 표준횡서)』, 성화사, 2014.

해석·융합한 독창적 해석이라고 말할 수 있다. 동서철학의 융합으로 설명하면 무극태극으로서의 하나님 아래 태극음양으로서의 하나님에는 남성성의 하나님과 여성성의 하나님이 일체를 이루고 있다. 서양의 기독교는 통일교에 이르러 '여성성의 신격'으로서 하나님 어머니를 회복함으로써 인류사적으로 우주적 음양을 회복하였다고 할 수 있다. 이는 기독교의 프로테스탄트 혁명에 버금가는, 동서 문명 융합의 시기에 실현된 종교혁명이라고 하지 않을 수 없다.

통일교-가정연합은 음양상생적 하나님을 하늘부모님이라고 부른다. 그리고 문선명·한학자 총재 양위분을 함께 호칭할 때는 참부모님, 천지인 참부모님으로 부른다. 하늘부모님은 태극음양사상을 직접적으로 표현하는 말이지만 이들 호칭에는 모두 음양사상이 깔려 있다.

무극태극	하나님	
태극음양	남성성의 하나님 (하나님 아버지)	여성성의 하나님 (하나님 어머니)
통일교-가정연합	참아버님	참어머님
	참부모님, 천지인 참부모님, 하늘부모님	

아버지의 이미지는 흔히 불火의 상징으로, 어머니의 이미지는 물水의 상징으로 이미지화된다. 동양의 음양오행사상에 따르면 불과 물은 때로는 상생하고, 때로는 상극한다. 만물은 음양전기의

모습이다. 물과 불은 또 나무木와 광물金을 생성한다. 이들 음양오
행이 모두 융합된 모습이 바로 흙土이다.

우주의 근본에 대한 물음은 인류의 원시고대로부터 이어져왔
다. 철학의 아버지라고 불리는 탈레스(Thales of Miletus, 기원전 625 혹
은 624년~ 547 혹은 546년경)는 우주의 근본을 물이라고 하였다. 그 후
아리스토텔레스가 엠페도클레스(Empedocles, 기원전 약 490년~430년)의
4원소설(물, 불, 공기, 흙)을 지지하고, 불교에서도 이와 비슷한 지수
화풍地水火風을 주장했다. 데모크리토스(Demokritos, 기원전 460-371)
는 고대에 이미 원자론을 주장하기도 했다. 여성시대를 이끌고 있
는 한학자 총재는 우주의 근본에 대해서 이렇게 말한다.

"우리가 우주의 근본을 찾아 들어가면 하나님께 귀착이 되는데,
그분은 남성격과 여성격의 두 가지 성품을 소유하고 계신 분이라
는 것을 알아야겠습니다. 우주 출발의 원인이 어떻게 되어 있습니
까? 하나님에 대해서는 아직 모른다고 하더라도 우리 인간은 남자
와 여자, 주체와 대상으로 되어 있습니다. 광물계의 분자를 보면
양이온 음이온으로 구성되어 있고, 식물계는 수술과 암술로, 동물
계는 수컷과 암컷으로, 그리고 인간은 남자와 여자로 되어있음을
볼 수 있습니다. 존재계를 살펴보면, 광물계, 식물계, 동물계 어느
세계를 막론하고 차원이 더 높은 양과 음이 더 낮은 양성음성을 흡
수하여 존재, 발전하고 있음을 알 수 있습니다. 왜 이런 현상이 생
길까요? 이 모든 존재세계는 만물의 영장인 인간을 완성시켜야 할

책임이 있기 때문인 것입니다."[3]

오늘날은 과학의 발달과 함께 종교와 과학을 아우르는 통합이론이 필요한 시점이다. 통일교의 『원리강론』이나 『통일사상요강』[4]은 그러한 요구에 답한 것이다. 우주의 발생에 대해서는 물리학적 시각도 있지만, 종교적인 시각도 있다. 종교적 우주론cosmology으로는 기독교의 '천지창조론'과 동양의 '천지개벽론'이 또한 대표적으로 맞서고 있다. 전자가 인간중심적이라면 후자가 본래의 자연에 가깝다고 말할 수 있다. 우주의 근본과 발생에 대한 탐구와 설명은 그동안 과학적으로 혹은 종교적으로 진행되어 왔다.

세상에 태어난 인간 개체, 즉 갓난아이의 입장에서 볼 때 우주는 어떻게 인지되고 인식될까? 갓난아이는 자신의 몸으로 감각되는 것에서 시작할 수밖에 없다. 갓난아이는 자신의 몸과 다른 사물들과의 구별도 하지 못한다. 그러면서도 가장 먼저 입을 떼면서 자연발생적으로 엄마, 맘마, 맘 등의 말을 한다. 세계적으로 '어머니'를 나타내는 소리글자(음성언어)는 그 발음이 유사하다.

우리말에 "맘마 먹자"라는 말이 있다. 어머니를 나타내는 '맘(맘마)'은 그대로 갓난아이의 '먹이'를 지칭하는 용어로 사용되기도 한다. 갓난아이에게 어머니와 몸과 먹이는 하나이다. '맘=몸=맘마'는 발음이 거의 같다. 갓난아이에게 우주(세계)는 분열되지 않은 하

3. 통일교(편저), 『참사랑으로 완성하신 참어머님(한학자 총재 고희기념문집)』, 성화출판사, 2012, 38쪽.
4. 통일사상연구원, 『통일사상요강(頭翼思想)』, 성화사, 1993.

나이다. 어쩌면 오늘의 인간은 갓난아이의 세계를 배워야 할지 모르겠다. 갓난아이는 오감을 총동원하여 자신을 세상에 태어나게 해준 어머니를 인식한다고 한다. 이제 '몸'을 기준으로 세계를 인식하면서 '지구 어머니, 마고'에 접근해보자.

세계의 근본은 무엇일까. 우리는 그것에 대해 과학적이고 종교적인 입장을 떠나서 인간 개체가 자신의 몸을 유지하면서 몸을 기준으로 삶을 영위하는 것에 대한 이해를 해보자. 엄마, 맘마, 맘, 몸, 마음의 발음이 유사한 것에 주목해 보자.

몸과 관련해서 생각할 때 우리는 어머니를 가장 먼저 떠올리지 않을 수 없다. 어머니의 자궁 속에서 10달을 성장하여 세상에 나온 모든 인간으로서는 어머니라는 이름은 절체절명의 이름이다. 또한 세상에 나오자마자 길들여지는 것이 바로 어머니와의 관계이다. 자궁 속에서 탯줄에 의해 어머니와 동체를 이루었듯이 세상에 나와서도 양육기간 동안 상당히 긴 시간을 어머니와의 끈을 놓지 않아야만 제대로 살아갈 수 있는 존재가 바로 인간이다. 인간만큼 부모의 보호를 오랫동안 받아야 하는 동물도 없다. 여기에 인간의 생물학적 특징이 고스란히 담겨있다. 인간이 '문화적 인간'이 되는 것도 육아와 양육, 그리고 오랜 교육과정의 결과이다.

생물학적 혹은 유전학적으로 보면 아이는 아버지와 어머니에게 똑같이 유전인자를 물려받고, 남자아이가 되거나 여자아이가 된다. 다시 말하면 유전인자로 보면 아버지, 혹은 어머니 중 어느 한쪽의 성씨를 붙일 수가 없는 것이다. 만약 성씨가 아이의 소유를 나타내는 것이라면 더더욱 어느 한쪽의 성씨에 소속되게 할수 없다.

그런데 우리는 흔히 아버지는 씨를 물려주고, 어머니는 그 씨를 잘 받아서 길러주는 밭으로 인식한다. 마치 어머니의 유전인자는 개입되지 않고, 단지 아버지의 유전인자를 길러주는 밭 정도로 인식한다는 말이다. 편의상 그렇게 하지 않을 수 없는 측면(예컨대 세대를 이어 아버지, 어머니의 성씨 양쪽을 붙일 수 없는 어려움)도 있지만, 계통(인류학에서는 이를 '출계'라고 한다)이나 혈통을 따질 때 이미 인위적인 권력이 개입하고 있는 셈이다.

생명은 본래 만물생명이다. 개체만이 주체와 혈통이 있다. 그런데 개체의 혈통 가운데 가장 확실한 것은 여자의 몸에서 몸으로 이어지는 몸의 증식적增殖的 계승이다. 여자만이, 자신이 낳은 자식이 반드시 자신의 자식(자신의 유전자를 가졌음)임을 자연적으로 보증받을 수 있다. 부계혈통은 실은 불확실한 것이다. 따라서 어머니와 자녀로 이어지는 혈통만이 확실한 혈통이라고 할 수 있다. 흔히 여자를 말할 때 육덕肉德을 말하는 이유는 뭐니 뭐니 해도 어머니가 몸을 자녀에게 줌으로써(선물함으로써) 인간이 태어난다는 점을 무시할 수 없기 때문이다.

예부터 우리민족이 떡을 좋아한 이유도 '떡'을 '덕'으로 생각한 때문이다. 또 "밥이 신이다."라는 말이 있다. 이렇게 말하는 것도 그만큼 우리민족은 몸과 마음을 하나로 생각하는 전통이 있었음을 말해준다.

성씨를 붙이는 것만이 아니라 직계냐 방계냐, 종손이냐 지손이냐, 적자냐 서자냐 하는 문제도 가부장제의 등장과 더불어 파생한 것이다. 물론 인류가 모두 가부장사회의 친족체계를 가진 것은 아니다. 출계의 형태를 보면 부계사회도 있고, 모계사회도 있고, 양쪽을 모두 잇는 이중출계사회도 있다. 남자는 아버지를, 여자는 어머니를 잇는 양계출계 그리고 세대마다 어느 한쪽을 택하게 하는 선계출계(동조집단)도 있다. 그러나 오늘날 지구상의 거의 대부분이 부계사회를 따르고 있다.

왜 지구상의 대부분의 사회가 부계사회를 따르게 된 것일까. 그것은 아마도 인구가 급격하게 늘어나면서 생존경쟁이 더욱더 치열하게 되고, 전쟁을 통해 부족국가나 국가가 등장했듯이 큰 단위의 집단을 형성할 것을 요구받았기 때문인 것으로 보인다. 이때 무엇보다도 남자의 전사로서의 역할에 힘입었을 것으로 짐작된다. 말하자면 남자의 전사로서의 역할 때문이며 오늘날 인간이 이루고 있는 문명은 실은 전쟁과 떼려야 뗄 수 없는 관계에 있다는 것이다. 전쟁에 의해 구축된 인류사회가 평화를 추구해야 하는 자기모순에 직면해 있음을 알게 된다. 모계-여성-어머니 중심의 신화를 찾아야 하는 것은 지구평화를 실현해야 하는 인류의 소명이다.

마고,
우주만물 생성의 주인

원리나 이치는 인간이 구성한 것이다. 그것이 어떤 경천동지할 진리라 할지라도 인간의 머리로 구성한 것이다. 그러나 몸은 인간이 구성한 것이 아니다. 이 말은 몸이 존재 그 자체라는 뜻이다. 인류의 역사와 철학은 그동안 인간의 몸을 육체(물질)와 등가물로 다루면서 정신에 비해 매우 비천한 것으로, 속물(俗物)로, 속악(俗惡)한 것으로 비하해 왔다.

이러한 몸을 비천하게 보는 관점은 남성중심주의의 사고이다. 남자는 정신적 존재이고, 여자는 육체적 존재로 상징되면서 자연스럽게 여성은 속악한 존재로 비하되었다. 여성은 원죄의 존재, 유혹하는 존재로 그려져 왔다. 우리가 접하고 있는 대부분의 종교 경전은 여성을 색정과 물욕을 일으키는 위험한, 죄가 많은 존재로 규정하면서 수양과 계율에서도 더 많은 것을 요구했다.

그러면서 사회적으로도 여성이 담당하는 것, 예컨대 재생산(출산)

과 육아와 가사는 대수롭지 않은 것처럼 취급하면서 가치도 폄하해 왔다. 여성의 재생산은 자연적으로 이루어지는 것으로 여기는데 반해 남성의 생산(사회적 생산, 산업 생산)은 가치부여를 하면서 그것을 계량화해 왔다. 심지어 가사노동은 가치를 매기지도 않았다.

최근 몸이야말로 1차적 존재이며, 생명 그 자체라는 것이 현대과학에 의해 밝혀지고 있다. 발생학에서는 개체발생과 계통발생이 같다고 한다. 개체발생과 계통발생이 같은 것은 시간을 초월하는 것이다. 인간의 신체 밖에서 진화적으로 전개되던 것들이 신체 안에서(생명 속에서는) 그대로 '존재재현'되는 것이기 때문이다. 예컨대 다음과 같은 과학적 사실에서 근거를 찾을 수 있다.

"난자가 수정하고 3주가 지나면 길이 2㎜ 정도의 '신경관'이 배胚 안에 생긴다. 이 신경관이 뇌의 기원이다. 신경관은 생명 진화의 역사에서는 약 5억 4천만 년 전(고생대 캄브리아기) 척추동물의 출현으로 거슬러 올라간다. 약 38억 년 전의 생명 탄생에서부터 약 32억 년 동안의 역사를, 사람의 발생에서는 약 3주 동안으로 줄이는 셈이다. 수정 뒤 4주 만에 척수에서 신경세포가 분화하기 시작한다."[5]

몸은 바로 우주인 것이다. 우주는 몸에서 몸으로 이어지는 몸의

5. 뉴턴 코리아 편집부, 『Newton Highlight-뇌와 마음의 구조』, 강금희 역, 뉴턴코리아, 2012, 48-49쪽.

'대신代身체계'이며 인간의 머리에 의해서 만들어지는 '대리代理체계'보다 훨씬 본질적인 것이라는 데에 현대철학은 동의하고 있다. 우주야말로 몸이며, 생명은 몸에 의해 전해지고 계승되는 것이며, 몸이 없다면 예컨대 문화도 역사도 없어지고 마는 것이다.

우주는 생성적인 사건이 일어나는 거대자궁과 같다. 그러한 점에서 만물은 그 자체가 생명인 것이다. 여성은 자연적 생성을 몸에 지니고 있는 상속적인 존재인 셈이다. 자연의 생성은 선택을 할 수 있는 것이 아닌, 저절로 일어나는 것이다. 이는 마치 우리가 부모를 선택할 수 없는 것과 같다. 발생학적으로 이어져 온 생명은 대대로 이어져 전해질 따름이다.

생명은 끝없는 흐름이다. 생명은 한 번도 끊어짐이 없을 뿐만 아니라 그 사이에 인간이 선택을 하고 재구성한 것은 생명 혹은 생성 그 자체가 아닐 뿐만 아니라 소유적 존재이거나 환원적인 작업의 결과일 뿐이다. 생명의 재생산은 남성적 관점에서 우주를 관찰이나 여행의 대상으로 보는 것이 아니라 여성적 관점에서 자연에 참여하는 것이다. 우리는 생성에 참여함으로써 자연과 더불어 공동존재라는 것을 알게 된다. 지금까지 가부장사회에 길들여져 온 인류는 "여자가 아이를 낳지 않으면 인류가 망한다."는 사실을 등한시하거나 망각했다고 볼 수 있다. 여자가 아이를 낳지 않으면 역사도 문화도, 바이블도 필요 없게 된다는 사실을 말이다. 이 말은 여자가 자연의 상속자라는 사실을 웅변하는 것이다.

가부장사회는 인간사회를 권력적으로 만들어서 남자는 권력의 주인이 되고 여자와 자연을 노예로 만들어서 마음대로 이름을 붙이고 지배하였다. 그러나 이제 여자와 자연과 사물들의 복권이 이루어지는 시기에 접어들었다. 이를 흔히 역학에서는 위에 있던 하늘이 아래로 내려오면서 하늘과 땅이 자리를 바꾼 지천地/天시대라고 말한다.

남자가 만든 문자와 문명과 수많은 책들은 여자가 아이를 낳지 않으면 하루아침에 쓸모없게 된다. 인류의 존망을 한 손에, 한 몸에 쥐고 있는 것이 여성인 것이다. 지금껏 여성이 으레 자식을 낳아주니까 자식이라는 것은 공기나 물처럼 으레 있는 것, 으레 존재하는 것처럼 생각하여 왔는데 실은 그렇지 않다. 여자의 재생산(출산)은 인류의 생존을 위해서는 마치 공기나 물과 같은 자연재이다. 그런 점에서 여자는 자연의 상속자이다. 이에 비하면 남자의 생산(공장 생산)은 자연재가 아니라 인공물로서 근본적인 것이 아닌 필요재이다. 자연재로서의 생명이 지속되니까 제2차적으로 필요한 것일 뿐이다.

남자와 권력은 결코 여자의 생명과 삶의 깊이에 도달할 수 없다. 여자는 아무리 못나도 본능적으로 우주가 자기 몸이라는 것을 안다. 남자들은 시각적으로 시간과 공간의 거리만을 생각한다. 남자들은 아무리 똑똑해도 우주가 자기 몸이라는 것을 알지 못한다. 남자들은 머리로만 우주를 생각하는, 머리라는 대롱으로 우주를 보는 '관견管見의 동물'이다.

남자가 쓰는 역사는 본질적으로 없는 것이다. 역사는 현재가 쓰는 과거일 뿐이다. 현재란 것도 하나의 관점의 산물이다. 그렇기 때문에 결국 역사는 사실이 아닐뿐더러 없는 것이다. 현재를 기준으로 볼 때 과거는 이미 없는 것이고, 역사란 단지 기록되어 있기 때문에 역사일 뿐이다. 현재라는 것도 시시각각 지나간다. 현재라는 것도 잡을 수 없는데 역사라는 것이 어떻게 있을 수 있다는 말인가.

인간의 말은 근본적으로 환원적인 것임을 인정하지 않을 수 없다. 이것은 결국 말의 체계나 말의 프레임에 의해서 세계를 구성할 수밖에 없다는 사실을 말한다. 그것은 세계 자체가 아니다. 그러나 몸은 바로 세계 자체이다. 몸은 인간의 머리로 규정하기 전에 이미 있는 선험적인 것이고 몸이야말로 진화하고 있는 실재(실체)이다.

인간은 이제 모든 허영과 오만과 환상을 버려야 한다. 이것의 대표적인 것이 '자아'라는 것이다. 자아는 인간이 스스로 말한 자기원인에 불과한 것이다. 자아를 버릴 때 인간은 진정한 신神이 되는 것이다. 자아를 버리면 바로 되는 것이 신이다. 그것이 자신自神이다. 서양의 니체처럼 신을 죽일 필요가 없다.

신을 죽이는 자체도 아직 권력적 인간임을 말하는 것이다. 니체는 그러한 인간성을 스스로 고백함으로써 서양문명의 한계와 모순을 고발한 대표적인 철학자이다. 남자 중심의 권력적 인간은 신을 죽여야만 직성이 풀리며 문제의 해결이 시작되는 것으로 착각하지만, 신을 죽이는 자체가 아직 자아를 버리지 못했고, 신에 도달하지 못했다는 증거이다. 자신自神에 도달하면 만물萬物이 만신萬神이라는 것을 알게 된다.

여자가 낳는 생명은 시공을 초월하는 것이고, 시간과 공간 이전의 산물이고, 존재의 끊어지지 않은 연속성이다. 그러한 점에서 여성은 자연의 일반성과 연결된다. 일반성이라는 것은 새로 발견하거나 발명하는 것이 아니라 있는 것을 그대로 인정하는 것이고, 그대로 존재하는 그 아래(속)에 있는 어떤 설명할 수 없는 근본을 뜻한다. 그러한 점에서 근본과 원인은 다른 것이다.

일반성一般性은 우주적 자궁, 철학의 태반胎盤과 같은 것이다. 그래서 일반성一盤性이다. 보편성이란 결코 스스로 생명을 잉태할 수 없는 페니스의 운명과 같은 것이다. 남성은 유전자의 제공에는 여성과 함께 공동으로 참가를 해도 발생학에는 관여하지 못한다. 그래서 보편성을 주장하는지도 모른다. 만약 여자가 잉태를 하지 않고 성적 쾌락만 즐긴다면, 이는 일반성에 도달하지 못하는 페니스와 같은 버자이너이다.

만물은 모두 저만큼, 제 분수대로 살아간다. 만물은 스스로 자신의 몸으로, 자신의 믿음으로, 자신의 새로움으로, 자신의 신령으로 살아가는데 인간만이 그것을 모른다. 이는 인간만이 자신이 무엇을 안다고 생각하기 때문이다. 인간 중에는 성현들만이 만물의 마음心과 성정性情에 이른다.

인류의 구원이란 무엇일까. 깨달음의 완성은 무엇일가. 만물의 마음과 성정에 이르는 것이 아닐까? 그렇다면 이제 성현이 따로 없다. 모두가 성현이 되고, 모두가 메시아가 되어야 하는 것이다. 성현이 되고 메시아가 되는 요체는 바로 어머니 마음이고 심정心情

이다.

절대 진리인 천리天理는 이제 땅의 만물萬物로 내려와서 하나가 됨으로써 완성된다. 유일절대신인 기독교의 하나님 아버지는 이제 땅으로 내려와서 하나님 어머니가 됨으로써, 하나一는 이제 일체一切가 됨으로써, 부분과 개체는 이제 전체와 우주아가 됨으로써, 아트만atman은 브라만braman이 됨으로써, 천지가 인간에게서 하나가 됨으로써 완성된 것이다. 불교에서 말하는 일즉일체一卽一切, 일체즉일一切卽一과 같은 것이다. 이는 통일교-가정연합에서 하늘의 천일국과 땅의 가정교회가 하나가 된 것과 같은 것이다. 기독교의 유일신은 통일교에 이르러 가정 완성이라는 어쩌면 너무나 평범하고 일상적인 진리로 땅에 내려온 셈이다.

불교는 본래 구원보다는 깨달음을 추구하는, 혹은 깨달음을 구원으로 생각하는 종교이기는 하지만 대승불교에 이르러 깨달음은 더욱더 활성화된다. 깨달음이라는 관점에서 보면 기독교는 불교보다 한 수 아래다. 기독교는 깨달음보다는 신앙의 종교이기 때문에 베드로를 비롯한 예수의 12제자 중 어느 한 제자도 빠짐없이 빌라도 총독이 "예수를 아느냐?"라고 물었을 때 모두 '모른다'고 대답했다. 초대교회의 제자들은 하나같이 예수를 통해서 하나님을 섬겼기 때문에(스스로 자각하지 않았기 때문에), 위기의 상황에서 예수를 부정했던 것이다. 그래서 기독교는 자각의 종교로 거듭나는 것이 필요하다.

마고,
만물을 담는 몸

마고는 만물이며, 동시에 만물을 담는 몸이며, 그릇이다. 사람은 결국 자신의 몸으로부터 모든 것을 풀어갈 수밖에 없다. 결국 모든 문제는 자신의 몸의 문제인 것이다. 생각이라는 것도 몸으로부터 비롯된 것이다. 흔히 사람은 세계를 대상으로 보는 버릇이 있지만 실은 세계와 몸은 분리된 적이 없다. 그래서 몸이야말로 세계 그 자체이다. 그런 점에서 정신이 몸을 육체로, 혹은 물질로 보는 것은 모두 정신의 문제이지 몸의 문제가 아니다.

몸은 문제화하지 않는다. 몸은 그냥 존재할 뿐이다. 몸은 인간이 세계를 어떻게 규정하든 간에 세계 이전의 존재이다. 그렇기 때문에 몸은 마음이다. 마음은 몸의 산물이고, 몸과 마음은 본래 하나몸이다. 심물일체心物一體이다. 마음은 생각과 혼동을 하지만 생각 이전의 존재이다. 몸과 마음은 존재이다. 몸이라는 의미에서 신체를 말한다면 신체를 인정하지 않을 수 없다. 우리가 흔히 감각이라고 하는 것은 이미 몸이 사물을 대상화한 것이다. 사물을 대상화하였다는 것은 이미 몸이 자신을 주체화했다는 의미가 된다.

그렇기 때문에 주체-대상이라는 것은 아무리 연구해보았자 현상학적 왕래에 불과한 것이다. 말하자면 어느 것이 먼저인지 모른다는 뜻이다. 현상학적으로만 보아도 주체-대상의 선후를 따질 수 없으니 세계는 선후가 없는 것이다. 선후가 없다는 것은 시간이 없다는 것이다. 흐른다는 의미의 시간 자체, 즉 시간성은 있지만 우리가 잴 수 있는 시간은 본래 없는 것이다. 시간이 없다면 공간도 없다.

공간이라는 것은 일종의 정지된 시간(실체)과 같은 것이기 때문이다. 공간이 없다면 실체가 없다. 이 세계에 정지된 필름과 같은 것은 없다. 우리가 영화를 보는 것은 정지된 필름을 적당한 속도로 돌리는 것에 불과하다. 필름은 인간이 만든 것이고, 필름을 돌리는 것도 인간이다. 생명은 시간으로 측정할 수 없는 것이고, 인간의 머리로 측정할 수 없다. 그런데 우리는 시간과 공간을 설정한 것 때문에 만물 혹은 존재를 실체라고 생각한다. 그래서 생각이 실체가 된다.

생각이 주체이고, 생각이 실체이다. 주체-대상을 정신-육체(물질)라고 말할 수도 있다. 말하자면 존재는 현상이 되었기 때문에 주체-대상으로 대립하게 되는 것이며, 동시에 주체-대상은 대립될 수 없는 이중성, 양가성의 것이기도 하다. 존재는 항상 양가적이다. 그런 점에서 절대성은 없는 것이고, 말하자면 생각의 허상이고 가상실재이다. 인간의 모든 일은 생각의 절대성, 생각의 허상(불교는 이를 마야라고 한다)에 불과한 것이다. 만약 대상화하지 않은 느낌 같은 것이 있다면 그것은 존재의 흐름이라고 말할 수 있을 것이다.

마고는 존재의 소리, 존재의 흐름이다. 존재의 흐름을 생성이라고 말한다. 생성은 잡을 수 없다. 만물은 생성 속에 있지만 우리가 파악하고 해명한 것은 결코 생성 그 자체가 아니다. 생성은 생명이다. 그런 점에서 만물은 생명(파동)이다. 생성과 생명은 잡을 수 없기 때문에 결코 권력화될 수 있는 성질의 것이 아니다. 마고는 존재의 바다이다. 바다는 하늘과 같은 머리가 아니라 몸으로 이루어진 바다의 파동, 파동의 바다이다.

전통적으로 하늘을 섬겨 온 유대기독교와 그리스신화는 흔히 바다를 괴물이 살고 있는 곳으로, 여신 키르케가 살고 있는 곳으로, 고난과 고통의 상징으로 은유하지만, 실은 바다야말로 우주만물, 어머니를 드러내는 것이다. 우주는 파도 치는(파동 치는) '기氣의 바다'와 같다.

여자는 세계를 한 몸으로 느낀다. 여자는 세계를 파동 치는 하나의 몸으로 느낀다. 마고 여신에게 세계는 한 몸, 한 가정이다. 세계가 한 몸, 한 가정인데 천지가 따로 있을 수가 없다. 이것이 바로 천지지심天地之心이요, 인중천지일人中天地一이요, 심정心情의 하나님이다. 마고신화를 통해서 하늘과 땅, 하늘과 바다는 하나가 되고, 세계는 완성되는 것이다.

마녀로 불리던 그리스의 여신 '키르케'와 마귀로 불리던 '마고'

여신은 이제 오랜 가부장사회의 콤플렉스를 벗어던지고 동서양에서 복권되는 셈이다. 이는 여자, 여성, 여성성의 복권을 의미한다. 마고는 세계를, 시간과 공간을, 마치 부챗살처럼 펼쳤다가 좁혔다가 한다.

생명의 세계는 시간과 공간 이전의 세계이다. 생명의 세계는 세계 그 자체이다. 생명의 세계는 인간이 감히 범접할 수 없는 세계이다. 생명의 세계는 기계의 세계가 아니다. 생명의 세계는 잡을 수도 없는 세계이고, 논할 수도 없는 세계이다. 생명은 그저 살고 갈 따름이다.

생명의 세계는 논리logic의 세계가 아니라 심정Heart의 세계, 교감sympathy · 느낌feeling의 세계이다. 통일교-가정연합은 기독교와 천부경, 나아가서 마고신화와 통섭함으로써 인류문명의 시원을 이룬 동이족의 종교, 원시반본의 종교로서 거듭나야 한다.

인류의 종교는 본래 모계사회에서 오래 동안 '자연-평화'의 원시무교형태를 유지하다가 인구의 증가와 더불어 가부장사회에 이르러 여러 고등종교로 파생하였다. 그 중에서 '여자(해와)-원죄'사상을 기조로 유대기독교적 종교가 탄생하여 오늘에 이르렀다.

새로운 2천 년대, 지천地天시대를 맞아 다시 '남자-전쟁'의 폐해를 극복하기 위해 인류종교는 '여자-평화'사상을 기조로 변신 중이다. 원죄의 주인공이었던 여자는 해방 · 복권되고 도리어 남자의 권력욕과 소유욕이 문제가 되었다. 그래서 다시 오늘날 종교와 문명의 모성시대에 이른 것이다.

2장

인류는
자궁가족

"개인주의가 어디 있습니까? 자기에게 있어서 자기만을 주장할 부분이 하나도 없습니다. 자식이 부모님의 사랑으로 어머니의 배 속에서 난자로부터 자라 태어날 때 99.999퍼센트가 어머니의 뼈와 피, 살입니다. 그리고 0.001퍼센트의 아버지 정자 하나가 합해져서 태어나는 것입니다. 거기에는 자기라는 개념이 있을 수 없습니다. 누구나 태어날 때 자기 자신이란 개념은 없었던 것입니다. 아무리 잘났다는 사람도 자기 혼자 잘나게 됐다고 말할 사람은 하나도 없습니다. 레버런 문이나 여러분도 마찬가지입니다. 뼈나 피, 살이나 전부 어머니 배 속에서 물려받았던 것입니다. 이 몸의 중요한 부분들은 어머니 몸의 연장이라는 사실을 인정해야 됩니다."

– '참사랑을 중심한 참된 가정과 참된 우주', 『平和經』, 549∼550쪽

인류는
자궁가족[1]

 우리가 흔히 누구누구 씨氏라고 하는 말은 흔히 씨앗seed이라는
의미를 가지고 있어서 남자의 혈통을 말하고 부계를 상징하는 말
인 것으로 받아들이고 있다. 그러나 이 말의 어원을 따지고 올라가
면 '씨'는 모계를 말하는 것이었다.

 『훈몽자회訓蒙字會』에 따르면 씨氏의 훈인 '각시'는 이보다 이른
시기에 나온 『월인천강지곡月印千江之曲』이나 『월인석보月印釋譜』에
는 '갓', '가시'로 나타나며 이는 '여자'를 뜻하는 말이다. 씨(氏: gsjig
에서 후에 어미 -g 가 탈락함)를 여자의 의미로 푸는 것은 모계로 이어
졌던 모계사회에서의 '씨' 개념이 그 음과 함께 한반도에 전래되고
지枝: ksjig도 마찬가지로 훈이 '가지'이다.[2] '각시'와 '가지'의 의미는

---

1. 이 글은 『통일세계』(세계평화통일가정연합, 2015년, 5월호, 526호) 92-97쪽에 「인
   류문명의 원형, 한국」으로 게재된 것이다.
2. 최영애, '중국 고대 음운학에서 본 한국어 어원 문제', 『동방학지』, 연세대학교 국학
   연구원, 1990, 309-340쪽.

원래 출계는 모계이며, 가족을 가지 치는 의미인 분가分家도 여자에 의해서 이루어졌음을 유추하게 한다. '각시'와 '가지'라는 말은 옛 가족의 형태를 고스란히 가지고 있는 중요한 우리말이다.

모계사회에서는 혈통과 분가가 본래 여자의 것이었다. 그런데 이것이 가부장사회로 이동하면서 전부 남자의 것이 되어버렸다. 여성은 남성 속에 예속되어 버리거나 묻혀버린 셈이다. '씨'라는 말도 실은 여성, 혹은 모계를 의미하는 말인데 이것이 남성, 혹은 부계를 의미하는 용어로 의미가 백팔십도로 전환되어 버렸다.

'아들' '새끼' '열매' '씨' '나' '남자' 등 여러 의미로 쓰이는 '자子자'는 남자의 성기를 말하고, '자지'子持는 씨를 가진 자라는 말의 의미로 사용되기도 한다. 음운학적으로 보아도 모계사회에서 시작한 인류사회는 부계사회가 되면서 여성적인 것을 남성적인 것으로 만들었으며, 여성의 지위를 남자들이 찬탈한 것이 된다.

성(姓)	여(女)+생(生): 여자로부터 태어남	남자의 성(姓)
씨(氏)	여자인 각시(갓, 가시 gsjig)에서 어미-g의 탈락	남자의 씨(氏)

우리가 살고 있는 현대는 여러 가지 의미에서 '원시반본의 시대'라고 말한다. 이것을 가장 종합적으로 바라보는 것이 부계 가부장사회에서 모계 여성중심사회로 나아가는 현상이라고 말할 수 있다. 그 옛날 모계에서 부계로의 가치의 전도가 있었듯이 오늘날 그 정도와 질의 차이는 있지만 거꾸로 부계에서 모계로의 가치의 전도가 일어나고 있는 것이 작금의 현실이다. 우리가 살고 있는 21

세기는 2천 년 단위의 전환이 일어나는 기원적original 의미가 있다.

이러한 관점에서 볼 때 통일교는 부계사회에서 모계사회로의 전환과정에서 마지막 부계적 문화의 총정리이고 통일이면서 동시에 모母중심사회로의 전환을 종교계에서 선도하고 있는 종교라고 말할 수 있다. 남자를 중심한 혈통은 항상 다른 남자(사탄)의 개입이 가능한 혈통이고, 불완전한 혈통이다.

이러한 의미에서 보면 남자를 중심한(아담을 중심한) 혈통과 종가(종교종파)를 완성시키고(성약의 완성) 그 다음 역사의 장으로 인류를 나아가게 한 인물이 바로 문선명 총재인 셈이다. 그 바통을 이은 인물이 바로 한학자 총재이다. 이는 부계에서 모계로의 '우주 차원의 계절적 사건'이며 '상징'인 것이다.

한학자 총재와 같은 지위에서 한 총재만큼 많은 자식을 낳은 여인도 없다. 모두 14명의 자식(7남 7녀)을 낳고 기르면서 아픔과 기쁨을, 또 도중에 잃어버리는 슬픔을 몸소 겪었다는 사실은 우리가 아직 평범한 사건처럼 바라보기 쉬운데 실은 매우 기적적인 사건인 셈이다. 여인의 부덕을 한 총재만큼 몸소 실천한 여인은 인류사에서도 없었다. 진정으로 "여인의 몸으로 태어나서 복되도다."라는 칭송은 여기에 어울리는 말이다.

"남편은 제가 아기를 낳을 때마다 얼마나 기뻐하시는지 몰라요. 정말 해마다 임신을 하다 보니 힘겹지 않을 수가 없었지요. 그렇지만 그럴 때마다 남편이 '수고가 많았소. 아이들

이 아래로 내려갈수록 잘생기고 영특하니, 이것이 바로 하
나님의 축복이 아니겠소' 하면서 위로를 해주면 모든 고통
이 눈 녹듯이 사라지고 맙니다… 제게 아무리 힘겹고 어려
운 일이라고 해도 그토록 기뻐하는 남편을 위해서라면 모
든 것을 견뎌낼 수 있었습니다. 남편의 기쁨과 행복이 곧 저
의 것이었으니까요."(『여성동아』 1986년 5월호 인용-)[3]

   한 총재는 여인의 부덕을 최대한으로 발휘하여 문선명 총재에게
가장 많은 자식을 선물하고, 죽음에 이르러 평화의 사도, 평화의
메시아가 되도록 뒤에서 음으로 양으로 이끈 인물이다. 아시다시
피 한 총재와 결혼하고부터 문선명 총재가 제대로 통일교의 지구
적인 사업을 제대로 전개할 수 있었다는 사실은 간과되어서는 안
된다. 이만한 내조는 지구상에도 없었던 내조이며, 하늘이 도와주
지 않고서는 불가능한 내조이다. 한 총재가 없는 문선명 총재의 위
업을 생각하기 힘들다. 그런 점에서 일심동체이다.
   문 총재가 댄버리 교도소에 수감되어 공백 기간이 생기고부터
한 총재의 내조는 외조의 길로 급선회하게 된다. 그 시기는 통일교
의 선교과정에서 가장 어려웠던 시간이며, 예수님의 '십자가의 길'
에 비유되는 이 사건을 계기로 한 총재는 부인으로서, 또한 제자로
서 십자가의 길을 함께 걸어가기 시작했던 것이다.

---

3. 통일교(편저), 『참사랑으로 완성하신 참어머님(한학자 총재 고희기념문집)』, 성화출
   판사, 2012, 292쪽.

"내조란 특별한 외적인 방법이나 기술이 아니라, 바로 이해

할 수 없고 몸과 마음이 힘든 일이 생기더라도 상대를 믿고

기다리고 따라주는 것이라고 생각합니다."[4]

예수님은 '십자가의 길'을 갔지만 문선명 총재는 '평화의 길'
을 갔으며, 평화의 길을 완성시킨 일등공신이야말로 한학자 총재
인 것이다. 그리고 그 평화의 길을 더욱 더 확고하게 다지기 위해
서 그 지구적인 평화사업을 계승한 분이 한 총재이다. '어떻게 하
면 대한민국이 통일되고, 어떻게 하면 인류가 평화롭게 살 수 있을
까.'를 걱정하는 분이 한 총재이다.

진정한 평화는 여성의 손, 여성의 마음, 어머니의 마음에 의해
서 이루어진다. 우리가 상상할 수 있는 가장 평화로운 광경은 어떤
것일까? 아직도 천사들이 노래하고 춤추는 곳이라고 상상하는가?
아니다. 여성과 아이들이 함께 기뻐하고 노래하고 깔깔대는 곳이
다. 그곳이 바로 천국이고, 지상천국이다.

지상천국의 시대는 모든 것이 땅에서 이루어지는 시기이다. 그
래서 메시아를 기다리기보다는 스스로 메시아가 되어야 한다. 그
런 점에서 자신自身의 몸을 바탕으로 자기의 믿음과 신앙自信을 가
지고 날마다 자기를 새롭게 하여自新 스스로 신의 경지, 신과 소통
하고 교감하는 경지自神에 올라야 한다. 지상천국이 이루어지면 천
상천국은 마음에서 저절로 이루어진다. 마음에서 천국이 이루어지

4. 통일교(편저), 『참사랑으로 완성하신 참어머님(한학자 총재 고희기념문집)』, 성화출
   판사, 2012, 293쪽.

는 것을 평화라고 한다.

인류의 평화를 위한 기원적 사건이 한국이라는 곳에서 일어나고 있는 까닭은 한국이 인류문명의 원형, 조상문화라는 데에 그 근거가 있다. 가장 모계적이고 가장 여성적이고 가장 평화적인 공동체의 문화를 보존하고 있는 나라와 문화가 한국이며, 가부장문화의 해체가 일어나고 있는 곳도 한국이다.

'천부(天父)-전쟁'과
'지모(地母)-평화'의 대결

　'천지의 시대'에서 '지천의 시대'로 바뀌는 전환기에 문선명 총재는 기독교의 '하나님 아버지'를 '천지인 참부모'로 바꾸었으며, 이 과정에서 혁명적으로 어머니를 되살려냈으며, 그럼으로써 미래의 여성시대를 준비하였다고 볼 수 있다.

　인류는 '하나님 아버지'에서 '천지인 참부모'로 바꾸었지만, 다시 '하나님 어머니'로 나아가지 않으면 안 되는 지경에 처해 있는지도 모른다. '하나님 어머니'는 '하나님 아버지'처럼 절대 권력을 휘두르는 것이 아니라 여성적 심정으로 세계를 보듬고 포용하는, 세계와 하나가 되는 상징성을 갖는다. 말하자면 비권력의 권력이다. 여성적 심정으로('심정의 하나님'은 본래 남성적인 것이기보다는 여성적인 것이다), 암탉이 병아리를 보듬듯이 세계를 가슴에 품는 심정이야말로 바로 세계평화를 이룰 수 있는 첩경인 것이다.

　그래서 문선명 총재는 초종교·초교파 운동을 전개했던 것이다.

통일교도 기독교에서 출발하였지만 결국은 또 하나의 종교가 아니기 위해 종교통일과 함께하며 나아가서는 종교 자체를 없애는 노력을 하여야 할 것이라고 천명했던 것이다.

통일교가 가정교회가 된 것은 종교를 사회적 제도화해서, 말하자면 종래처럼 거대권력(대형교회는 그 대표적인 것이다)의 형태로 둘 것이 아니라 가족 혹은 개인으로 지향시켜서 마음의 형태로 전환하고자 하는 목표를 가지고 있었던 것이다. 종교는 마음의 평화를 추구하는 것이고 영혼의 맑음을 추구하는 것이지, 제도나 물질이 아닌 것이다.

통일교는 종교가 기성교회처럼 세속화되는 것을 경계하였다. 세속화라는 것은 권력화라는 것의 다른 이름이다. 만약 종교가 구원을 미끼로 하여 정치권력과 맞서서 권력에의 길을 가는 것이라면 중세로 후진하는 것이라고 하지 않을 수 없다. 종교는 어디까지나 평화적으로 여성성의 바탕 위에서 남성성을 발현함으로써 종래의 역사적 절대 권력의 폐단을 견제하고 방어하는 시대에 이른 것이다.

그런 점에서 통일교의 가정교회는 종교 아닌 종교이며, 그 속에 인류의 모든 종교, 예컨대 유불선·기독교·이슬람교가 모두 한데 모여 각자의 방식으로 기도하고 예배하는 전당과 같은 것을 꿈꾸어야 하는 것이다. 이것의 산 증거가 바로 통일교의 천복궁교회이다. 이를 위해서는 이제 가부장-국가주의적 발상을 하지 말아야 한다는 것을 가장 먼저 깨달은 인물이 문선명 선생이다.

지구촌이 하나가 된 마당에 인류는 더 이상 가부장-국가주의-

제국주의에 의해 전쟁을 일삼지 말고, 모계-여성성-가정을 바탕으로 평화를 지향하여야 한다. 인류는 더 이상 전쟁의 신, 신들의 전쟁에 의해 지구촌을 경영하지 말고, 하나의 지구공동체라는 개념으로 평화의 신, 신들의 평화로 함께 공생共生-공영共榮-공의共義로 살아가야 한다.[5]

세계사는 천부天父-천리天理와 지모地母-지기地氣의 대결이다. 천부는 정치적 권력을 토대로 정복과 침략을 일삼지만 결국 생물학적 생산을 담당하는 지모의 승리로 끝난다. 그런데 지모는 정복자인 천부를 하늘로 섬기면서 신화와 종교로 대하고, 천부는 역사와 과학으로 지모를 지배하면서 제국을 형성한다. 천지인 사상으로 보면 지모는 평화를 지향하고 상징하는 반면 천부는 전쟁을 지향하고 상징한다. 천부와 지모가 서로 가역반응(상호왕래)하는 것이 인류의 역사이고 세계사이다. 하지만 천부는 일시적으로는 지배하지만 나중에는 지배하던 지모에 동화된다.

---

5. 세계평화통일가정연합의 공생·공영·공의주의에 대해서는 다음을 참조. 통일사상연구원, 『統一思想要綱(頭翼思想)』, 성화사, 1993, 761-784쪽.

여성, 홀소리, 훈민정음

- 기(氣)문명체계의 복원을 위하여 -

세계의 수많은 언어 가운데 홀소리를 독립적인 알파벳으로 정한 글자는 한글(훈민정음)밖에 없다. 한글은 홀소리, 닿소리를 합쳐 현재 모두 24자인데 닿소리가 14자, 홀소리가 10개로 구성되어있다. 홀소리의 기본음은 천지인·원방각(ㅇㅁ△)에 해당하는 '·, ㅣ, ㅡ'이다. 한글은 그만큼 홀소리, 즉 모음母音을 중시하는 글자이다.

세계의 언어는 글말(문자언어)과 말글(음성언어)이 있지만, 한글은 말글을 글말로 정착시킨 가장 과학적인 글자이다. 더구나 한글은 세종대왕이 직접 제정한, 따라서 제정한 사람이 확실한 유일한 발명글자이다. 한글은 여러 글자 중에서도 자연의 모든 소리(의성어)와 형태(의태어)를 고스란히 담을 수 있는 '자연의 소리글자'라고 할 수 있다. 이밖에도 한글은 발성기관의 구조에 따라 과학적으로 제정한 까닭에 세계의 여러 다른 언어의 모든 소리를 낼 수 있는 세계 언어의 발음기호 구실을 하고 있다. 그래서 미래에 언젠가는 한글이 세계의 공통 문자가 될 소지가 다분하다.

통일교와 한글은 떼려야 뗄 수 없는 숙명적 연관성을 가지고 있다. 일찍이 문선명 총재는 한글이 세계 공용어가 된다는 것을 역설한 바 있다. 이는 문 총재가 소리가 우주의 본질이라는 것에 대해서, 소리에 대한 탁월한 감각과 선견지명이 있었음을 입증하기에 충분하다. '한글=세계어'라는 발언은 6·25 후 폐허의 잿더미에서 감히 누구도 상상키 어려운 예언이었으며, 미래에 한국이 인류문명의 중심국이 될 것임을 선언한 메시아적 발언이었다고 말할 수 있다. 왜냐하면 인류문명은 결국 중심국의 말에 의해서 이끌어지기 때문이다.

다시 강조하지만, 한글은 인간의 발성기관의 구조를 토대로 자모가 수립되었다는 점에서 가장 자연스러운 글자이며 과학적인 글자라는 것이 증명되고 있다. 한글은 세계의 발음기호로서도 손색이 없다. 이 말은 한글의 발음을 따라 들어가면 인간의 원초적인 음성언어를 추적할 수 있으며, 인류의 불통의 원인이 된 서로 다른 문자언어의 장벽을 넘어설 수 있다는 뜻도 된다.

오랫동안 직업외교관으로 활동한 언어학자 김세택은 한글과 영어, 일본어, 한자 등에서 수천 자의 단어를 비교하여 공통어근을 찾아서 정리하는 큰 업적을 이루었다. 여기서 한글이 세계 언어의 공통어근임을 발견하는 세계 언어학사상 가장 획기적인 성과를 거두었다. 말하자면 세계 언어는 하나의 뿌리를 가지고 있으며 하나

에서 출발하였음을 상기시키고 있다.[6]

공통어근은 모계사회와 마고麻姑여신의 나라인 고대 환국桓國을 떠올리게 한다. 예컨대 영어의 '마마'와 '파파'라는 말은 'mother'라는 단어의 첫 철자인 '엠m'의 '에' 발음과 'father'라는 단어의 첫 철자인 '에프f'의 '에' 발음을 되살리면 '엄마'와 '아빠'가 된다. 우리는 이 말을 통해서 인류의 언어가 공통성(일반성)이 있음을 발견하게 된다. 여기서 인류의 언어가 '소리 말'(음성언어)의 시대에서는 하나였을 것이라는 가정을 할 수 있고, 그 뿌리가 한글임을 유추케 한다. '엄마'와 '아빠'라는 말은 존재의 여성성과 남성성에 대한 총칭이다. 인간은 '엄마'라는 말을 통해서 존재의 근원인 고향(여성성)으로 돌아가고, '아빠'라는 말을 통해서 국가(남성성)의 일원이 된다. '엄마'가 없는 고향은 고향이 아니고, '아빠'가 없는 국가는 국가가 아니다.

한글의 소리는 우주의 근본이 소리라는 것을 깨닫게 해준다. 그런 점에서 한글은 인간을 소통하게 할 뿐만 아니라 나아가서 자연과 소통하게 하는 말글이다. 한글은 한국문화의 세계적 원형·모형·조상문화를 주장하는 데에 결정적인 힘을 실어준다.

영어는 '과학의 언어', '추상의 언어'이고, 한자는 '시의 언어', '이미지의 언어'이고, 한글은 '자연의 언어', '존재의 언어'이다. 존재 자체의 소리를 중시한 한글은 자연과의 일체적 삶을 영위하는 '존재의 언어'라고 불리기에 충분하다. 한글의 소리는 소리의 여

6. 김세택, 『일본어 한자 훈독』, 기파랑, 2015; 『일본말 속의 한국말(한일 고유어 비교 사전)』, 기파랑, 2005 참조.

신인 마고를 따라 들어가는 신비의 길을 열어준다. 한글은 마고의 글이다.

한글의 과학성은 굳이 이 자리에서 거론하지 않더라도 알려져 있다. 한글은 세계에서도 보기 드물게 별도로 홀소리(모음)의 자모字母를 가진 글자이다. 알파벳이나 일본의 가나는 홀소리가 없다. 다른 표음문자는 닿소리(자음)와 홀소리(모음)의 확실한 구분이 없이 대체로 닿소리의 일부를 가지고 홀소리로 대신해서 사용하고 있다. 그런데 한글은 닿소리와 홀소리를 구분함으로써 홀소리를 확실히 하고 있는 소리글자이다. 우리 조상들은 왜 홀소리를 만들었을까. 왜 또 그것을 독립적인 의미의 홀소리라고 했을까.

한글은 유라시아 대륙의 자음자모子音字母 로드Road의 마지막 진화였으며, 여기서부터 모음자모에 대한 형태화가 이루어진다. 소리를 잡는 데 귀신같은 귀를 가진 한국인은 자음과 자음 사이의 빈 공간을 빠져나가는(관통하는) 바람 같은 모음을 형태화할 수 있었던 것이다. 이를 거꾸로 말하면 자음은 일종의 모음의 발음을 위한 음향 장치의 구실을 하였던 셈이다. 모음은 본래 자모字母로서 독립성을 가지지 않았다. 한글은 그러한 모음의 공허空虛를 모음자모母音字母로 채웠던 것이다. 이것은 언어에 있어서 공즉시색, 색즉시공이다.

한글은 모음자모를 잡아낸, 세계 문자사에서 일찍이 없었던 초유의 문자이다. 더구나 한글은 음양의 역동성을 반영하여 입체적이고 역동적인 문자시스템을 확립하였다. 한글을 만든 사람들은 15세기에 이미 서양이 20세기에 들어와서야 찾아낸 음소音素를 발견하고 끝내 세계에서 가장 과학적인(사물의 모양이 아니라 발성기관의 모양을 딴) 음운학을 완성하였던 셈이다.

이것은 문화의 보편성이 아니라 인간이면 일반적으로 가지고 있는 발성기관을 토대로 한, 일반성을 기초로 한 보편성에 대한 음운학적인 도전이었다. 쓰여진 언어는 말해진 언어가 갖는 음악적 대위법이나 선율을 잃어버리는 대신에 텍스트를 얻는다. 이것은 새로운 시공간이다. 하나를 잃는 대신에 다른 하나를 얻는 셈이다. 이것이 철학을 만들었고, 과학을 만들었다. 이것은 존재자들이다. 그렇다면 말해진 언어, 즉 소리는 근본적인 존재가 되지 않을 수 없다.

자음자모는 후에 닿소리가 되고, 모음자모는 홀소리가 되었다. 닿소리a consonant는 '발음할 때에, 날숨이 혀, 이, 입, 입술 따위에 의하여 일정한 장애를 받아서 나는 소리, 성대가 울리는가 안 울리는가에 따라 유성음과 무성음으로 나뉜다.' 홀소리a vowel는 '성대의 진동을 받은 소리가 목구멍이나 입, 코와 같은 조음 기관을 지날 때, 그 통로가 좁아지거나 막히는 따위의 장애를 받지 않고 나는 소리'이다.

한글은 또 닿소리를 초성과 종성에 동시에 씀으로써 보다 많은 음소의 조합으로 어휘와 표현을 풍부하게 하는 한편 자연의 소리의 모든 것을 표현할 수 있도록 하는 데에 결정적인 이득을 얻었다. 닿소리를 종성에 사용하는 데에 따른 이용가치(도구가치)는 이루말로 헤아릴 수 없을 정도이다. 종성을 초성으로 사용하는 것은 언뜻 생각하면 쉬운 일인 것 같지만 공기의 떨림에서 음을 잘 듣고 음을 잘라내지 못하면 불가능한 것이다. 음을 미분微分하는 청력을 가지지 않고는 도저히 실현 불가능한 성취였다.

한글의 자모는 세계에서 가장 확실하게 모음(10자모)을 정립한 문자체계이다. 모음은 자음과 자음 사이에서 마치 존재자의 중심(근거)과 같은 존재의 역할을 한다. 모음은 또 바람 혹은 공기로 목청을 떨게 하여 유성음이 되게 한다. 유성음은 조음調音할 때, 목청을 떨어 울리며 내는 소리인데 모든 모음과 비음鼻音 'ㄴ', 'ㅁ', 'ㅇ'과 유음流音 'ㄹ'이 이에 해당된다. 무성음은 목청을 떨지 않고 내는 소리이다. 자음의 ㄱ, ㄷ, ㅂ, ㅅ, ㅈ, ㅊ, ㅋ, ㅌ, ㅍ, ㅎ 따위가 이에 해당한다.

자음은 대부분 무성음이다. 모든 모음은 유성음이다. 유성음은 소리의 살아있는 유기체이다. 유성음은 그것 자체가 마치 노래(口音은 그 대표적인 것이다)와 같으며, 음악이 된다. 모음은 마치 어머니(어머니의 자궁)처럼 단어로 하여금 살아 있는 생명체가 되게 한다. 만약 모음이 없다면 소리는 거의 형성되지 않는다. 그럼에도 불구하고 모음은 철자의 구성에서 많은 비중을 차지하지 않고 비권력적이다.

한글의 자모에서 점(點= ·)은 매우 중요한 철학적 우주론을 가지고 있다. 점은 선線의 시작이다. 그러나 동시에 점은 0차원이 될 수도 있다. 한글에서 하늘天은 점(·)으로 표현하고 땅은 수평(ㅡ),

인간은 수직(ㅣ)으로 표현한다. 하늘은 흔히 원(圓, ㅇ)과 공空으로 표현하기도 하는데 결국 원(ㅇ)과 점(ㆍ)은 같은 것을 표현하는 셈이다. 점과 선의 쌓임이 해체되는 것과 함께 형태소는 제로로 돌아갈 수밖에 없다. 모음에서 아래 아(ㆍ)는 현재 사용되지 않고 숨어버렸다. 아래 아(ㆍ) 자가 숨어버린 것은 아(ㆍ) 자가 존재의 유무有無를 나타내기 때문이다.

한글은 원(ㅇ)과 점(ㆍ)의 우주론을 문자에서 실현한 문자체계이다. 이것은 문자에서 적분으로서의 원圓과 미분으로서의 점點을 동시에 문자체계에 실현시킨 동아시아 철학의 대장정이기도 했다. 원방각圓方角: ○□△, 천지인天地人: ㆍㅡㅣ의 전통철학이 문자 속에 새겨진 것이었다. 한글의 자모字母에서 모음母音과 자음子音은 있는데 왜 아버지의 음인 부음父音은 없는가. 자모字母만큼 우주를 상징하는 것은 없다. 자모는 모자母子를 기초로 한다.

우주의 근본은 모자母子관계라고 할 수 있다. 여기에 아버지父라는 존재는 나중에 부가된(돌연변이로) 존재이다. 훈민정음의 창제는 한민족의 역사와 문화에서 자아나 정체성을 찾는 가장 큰 분수령이었다. 한자한문 사대문화주의 혹은 원리주의 대對 정음正音 민주혁명파의 일대 접전이었다. 최만리를 필두로 하는 사대문화주의는 집요하였고, 세종대왕은 백성을 사랑하는 민주주의로 대응하였다. 비로소 말하는 대로 글을 쓰게 되어 민주주의가 첫걸음을 내디뎠다. 말의 계급화에서 벗어나게 되었던 것이다.

한글 창제 이전에 우리 민족은 아주 옛날부터 '율려律呂의 나라'

라는 전설이 전해졌다. 율려는 '소리의 음양'을 나타내는 것이다. '율려'의 발은 소리의 '울림'을 뜻하는 '울려'(울리다)와 음운에서 관련이 있는 것 같다. 울리는 것, 즉 소리가 결국 율려인 셈이다. 한글의 소리는 위대하다. 한글의 소리를 뜻으로 표현한 것 같은 한자의 단어는 부지기수이다. 한글의 창제로 인해서 인간은 의미를 발생시키는(만들어가는) 현상학적 혹은 심리적 혹은 상징적 과정을 파악하는 데에 진일보하였다.

최근 홍산紅山문화, 요하를 중심한 고대문화의 발견은 홍산문화의 주인공과 동이족을 연결시키게 하고, 홍산문화의 주인공들이 남하하여 중국의 상고의 하은주夏殷周 문화를 만들었을 가능성을 높이고 있다. 이는 한자의 고형인 갑골문이나 금문 그리고 과두문자 등도 동이족과 연결시키게 하고 있다. 상고시대 동북아시아의 문명이 동이東夷에서 서이西夷로 중심 이동했음을 생각하면 다음과 같은 추측이 가능하다.

한자는 동이족이 만들었고 한글 또한 조선족이 만들었으니 동이족은 우리 민족의 먼 조상이요, 조선족은 더 가까운 조상이니 결국 동방의 문자는 모두 우리 민족이 만든 것이 된다. 다시 말하면 우리 민족은 표의문자와 표음문자를 모두 만들어냈으며 문자를 만들어내는 데에 달인인 '문자달인文字達人의 민족'이 된다.

한글은 단순히 소리만을 가진 표음문자가 아니라 역설적으로 기호 자체가 의미를 가진 문자이다. 이것 자체가 바로 문자와 소리, 문자와 의미의 이중성과 애매모호성을 표현할 수 있는 소질을 가진 것이다. 특히 한글 자모 가운데 홀소리(·, ㅣ, ㅡ)는 우주만물의 이중성의 극치를 표현할 수 있는 것이다. 아래 아(·)는 안팎을, 이(ㅣ)는 좌우를, 으(ㅡ)는 상하를 나눈다. 그런데 여기서 나눈다는 것은 경계라기보다는 차이의 구분을 위한 것이다.

홀소리를 하늘기호, '천부'天符라고 해도 과언이 아니다. 홀소리가 더 근본을 이루고 닿소리가 태어나는 것이다. 그래서 홀소리를 모음母音이라고 하고, 닿소리를 자음子音이라고 하는 것이다. 모음을 가진 나라가 '태초의 하나님 어머니' 마고麻姑와 연결됨은 당연하다. 우리나라에 '마고신화'가 전해 내려오는 것은 결코 우연이 아니다.

천부(天符)의 기호, 한글 자모의 특징과 소리의 이중성					
天	圓	ㅇ	·	안팎	원점
人	角	△	ㅣ	좌우	수직
地	方	ㅁ	ㅡ	상하	수평
상징	상형기호	닿소리/모양	홀소리	음양이중성	좌표

홀소리가 중요한 것은 홀소리가 닿소리의 상하 사이에 있는 중성이라는 점이다. 한글은 닿소리(초성)+홀소리(중성)+닿소리(종성)의 체계로 구성되어 있다.

ㅡ(陰)의 체계		
ㅡ	·	ㅡ
	· ㅣ ㅡ	
초성	중성	종성
	이중성	

그런데 이 점이 바로 한글이 홀소리母音 중심임을 확실히 표방하

는 문자가 되게 한다. 한글의 이러한 체계는 음陰의 체계임을 말하는 동시에 의미의 이중성을 내포하고 있다. 우리는 흔히 '아(ㅇ+ㅣ+ㆍ)' 다르고 '어(ㅇ+ㆍ+ㅣ)' 다르다고 한다.

한민족은 소리를 통해 우주의 이중성과 상징성을 간파하고, 이를 문자화한 '소리의 민족'이다. 그래서 소리를 통해 우주적 신비를 깨달은 민족이다. 또 자모를 안팎, 상하, 좌우(선후)로 배치하여 표현하지 못하는 소리와 의미가 없게 했다. 특히 원(圓, ㅇ)과 점(點, ㆍ)이 하나라를 것을 발견한 '원점圓點의 민족'이다. 한글이야말로 인간이 낼 수 있는 '원原소리'이고, 동시에 '원原문자'이다. 그래서 세계 모든 언어의 발음기호가 될 수 있다. 이를 한민족 고유의 '마고'麻姑신화에서부터 시작한 '율려'律呂의 관점에서 보자.

한글은 본음의 음상이 반조하는 울림이 크기 때문에 감정과 느낌을 잘 전달한다. 그래서 한국은 '심정心情문화'를 이루고 '심정'이 '하나님'이 되는 문화인 것이다. 통일교-가정연합의 '심정의 하나님'은 이러한 문화적 배경의 소산이다. 소리에 의한 철학체계, 소리에 의한 문명체계를 생각하지 않으면 결코 언어와 세계의 실재와의 간격을 메울 수가 없다. 필자는 오랜 전부터 '고조선문명체계'가 소리에 의한 문명체계, '기氣문명체계'일 것이라고 가정한 바 있다.[7]

한글의 가장 단순한 예로 '아어우으이'가 '알얼울을일'이 되고 '알얼울을일'은 알=물질, 얼=정신, 울(우리)=공간, 을(늘)=시간, 일=인

---

7. 필자는 『잃어버린 仙脈을 찾아서』, 일빛출판사, 1992와 『단군신화에 대한 신연구』, 한국학술정보, 2010에서 '기(氣)문명체계'를 종합적으로 주장한 바 있다.

간(일을 해야 하는 인간)을 의미한다. 이는 가장 단순한 기호로써 가장 광대무변한 우주의 실재를 표현한 것으로 해석된다.

아	어	우	으	이
알	얼	울(우리)	을(늘)	일
물질	정신	공간	시간	인간

문선명 총재가 메시아라면 한글은 메시아의 모국어이다. 메시아의 모국어는 세계어가 되지 않으면 안 되는 숙명을 지니고 있다. 통일교는 한글이고, 한글은 통일교다. 한글의 소리는 '신의 소리'이고, 한자의 의미는 '신의 의미'라는 말이 있다.

3장

여신의 복권과 평화

"21세기는 여성이 남성들과 더불어 평화세계의 견인차의 한 바퀴를 담당할 세계사의 주역이 되어야 합니다. 힘과 기술의 세기가 아닌 사랑과 평화, 문화의 세기를 창건해 나가는 중심에 여성의 역할은 더욱 중요해졌습니다. 참된 자유와 평화와 행복이 넘치는 통일의 세계를 건설하는 참된 어머니의 길, 참된 아내의 길, 참된 딸의 길, 그리고 참된 여성지도자의 길을 가는 여러분이 되어 주시기 바랍니다."

– '아벨 여성유엔 창설대회 기조연설', 『平和經』, 1001쪽

여성중심시대와
마고신화[1]

인류사를 거시적으로 보면 종교는 모계적이고, 정치는 부계적이다. 모계사회에서는 하늘의 성령의 도움으로 여성이 잉태를 한다고 생각한다. 집단의 질서 유지를 위한 정치가 강화되고 국가가 등장할 무렵 인류는 부계사회로 변모한다. 국가의 등장에는 크고 작은 전쟁이 수반되었기 때문이다. 남자들의 사냥기술은 곧 전쟁기술로 변모한다.

오늘날 '지구 어머니, 마고' 사상이 새롭게 부각되는 이유는 남성 중심의 경쟁사회, 전쟁을 수반하고 있는 사회가 자연환경 파괴와 공해, 그리고 인간의 기계 중심적 사고로 인하여 인간의 소외를 보편화하고 인간의 삶을 더욱 더 불행하게 만들고 있기 때문이다. 인류는 다시 남성 중심의 문명시스템에 일대 변혁을 꾀하지 않으

---

1. 이 글은 『통일세계』(세계평화통일가정연합, 2015년 4월호, 525호) 104-109쪽에 게재된 것이다.

면 공멸의 위기에 직면해 있다고 해도 과언이 아니다. 총체적으로 '남성-정치-전쟁-국가'의 문명시스템을 '여성-종교-평화-가정'의 문명시스템으로 바꾸지 않으면 안 되는, 생존적 요청과 부름에 직면해 있는 것이다.

지금 인류가 경험하고 있는 것은 실은 가부장사회 이후의 일들이다. 말하자면 은연중에 가부장사회의 남성중심주의에 남녀가 모두 길들여져 온 셈이다. 정치권력에 비해 평화와 여성성을 지향하는 종교라고 하지만 우리가 체험하고 있는 대부분의 고등종교의 덕목들은 은연중에 가부장사회를 지지하는 덕목들로 채워져 있다.

가부장사회에서는 대개 여성적 특성이 있는 것은 나쁜 것이거나 심지어 악한 것으로 매도한다. 예컨대 여성의 생식을 위한 매력도 유혹으로 치부하며 심지어 원죄로 몰아넣은 것이 가부장사회이다. 물론 여성적 매력이나 특징이 사회의 질서를 무너뜨리거나 문란하게 하는 경우도 있지만 그것은 여성만의 문제는 아닌 것이다. 그런데도 남성들은 여성적인 것을 마치 위험한 것처럼 규정하고 단속하고, 심하면 '마녀사냥'을 해왔는데 이는 남성지배사회의 콤플렉스이다. 만약 인간이 도덕군자이기만 한다면 사랑은 어떻게 이루어지고, 자손의 생산은 어떻게 지속되어왔는가.

남성들은 인간의 문화를 자신들에게 유리한 권력의 형태로 변형시키면서 여성을 소외시키고 역사를 이끌어왔다. 남성은 역사의 주인이 되고, 여성은 대체로 피동적으로 움직여왔다. 남성중심 사회는 기본적으로 권력사회이고, 그 바탕에는 최종적 힘겨루기로서의 전쟁이 깔려 있었던 것이다. 그래서 어디에선가는 보다 강력한 무기를 생산하고, 그 무기는 언젠가는 사용하게 되는 것이 전쟁패러다임이다.

남성 중심 사회는 지배를 위한 사회이고, 그것의 도덕주의는 어딘가에 소외·배제·격리시키는 장치가 숨어있다. 그러나 여성 중심 사회는 모든 것을 끌어안는 것이 특징이다. 여성 중심 사회는 예컨대 범법자들까지도 사랑으로 끌어안는다. 여자의 부덕婦德과 도道는 제외하는 것이 없다. 여자의 도는 모두 받아들이고 끌어안는다. 마치 모든 강물을 받아들이는 바다와 같다. '지배의 도'에 충실한 아버지는 잘난 자식을 자랑스러워하지만, '포용의 도'에 충실한 어머니는 못난 자식을 끌어안고 더욱더 사랑한다. 여자의 도는 『도덕경』의 도이다. 『도덕경』의 도는 『장자』의 제물齊物이고, 일물一物이다. 여자는 만물과 교감하고 있다.

『주역』에서 소녀가 소남 위에 있는 것이 '함咸괘=택산澤/山'이다. 함괘는 비어 있으면서 모든 것을 받아들이는 여성성以虛受人을 말한다. 함괘에 마음 심心이 붙으면 감感자가 된다. 그래서 함은 감이라고 말한다. 말하자면 비어 있어야 제대로 느끼게 되는 것이다. 여성은 비어 있다. 그래서 만물을 느낄 수 있는 것이다. 진정한 여자, 참 여자, 참 어머니는 무심無心으로 세상에 감응하는 존재이다.

주역에서 함괘 다음에 오는 것이 '항恒괘=진손雷/風'이다. 장남이 장녀 위에 있는 것이다. 항괘는 자신을 앞세운다. 그래서 항괘 다음에는 돈遯괘에 이어 대장大壯괘가 나온다. 남성 중심 사회는 항상 진리나 정의를 앞세운다. 그러나 진리와 정의 속에 이미 정치와 전쟁이 숨어 있다. 예컨대 팍스아메리카나Pax-Americana의 팍스 Pax=Peace에는 평화의 의미가 있지만 미국 중심의 세계체제가 될 때 세계질서와 평화가 유지된다는 패권주의를 내포하고 있는 것이다. 남성 중심 사회는 결국 전쟁 패러다임 속에 있다. 전쟁 패러다임 속에서 그 사이사이에 잠시 평화를 운위하는 것이다. 전쟁으로 원천적인 평화를, 영원한 평화를 달성할 수 없다. 전쟁 속의 평화는 한시적인 평화일 뿐이다. 그래서 인류문명의 전쟁패러다임을 평화패러다임으로 바꾸어야 하는 것이다. 이것이 여성시대의 과제이다.

전쟁욕구는 평화(평상)시에는 스포츠sport나 영화screen, 섹스sex, 도박 등으로 해소되거나 은폐되어 있지만 이들 문화산업들이 남성들의 경쟁이나 욕구를 완전히 불식시키는 것은 아니었다. 가부장-국가사회의 전쟁 패러다임에 대한 전면적인 부정을 통해 평화로의 패러다임 쉬프트paradigm-shift가 절실한 것이 오늘의 인류문명이다. 왜냐하면 핵폭탄을 비롯해서 대량살상 무기가 범람하고, 이로 인해 무기적 본능이 또 다른 세계전쟁의 불씨가 될지도 모르기 때문이다.

물론 전쟁패러다임 속에서도 평화를 위한 노력, 예컨대 국제연맹에 이은 국제연합UN의 창설, 그리고 크고 작은 평화운동 등의 노력이 있었지만, 1, 2차 세계대전이 일어났던 것을 인류는 기억하지 않으면 안 된다. 특히 오늘날도 끊이지 않는 지역분쟁, 종교분쟁, 인종분쟁은 평화를 위한 획기적인 사고방식의 전환, 삶의 근본적인 태도에 대한 반성 없이는 해결되지 않을 전망이다.

인류의 생존과 번영과 평화를 위해 보다 근본적인 것이 무엇인가를 찾던 중 가장 현저한 발견이 바로 여성성을 중심으로 하는 인류문명의 대전환이다. 거기에 평화적 네트워크를 중심으로 인류공동체를 만들어가는 노력, 그리고 모계신화의 발굴을 통한 새로운 신화의 구축이 과제로 떠올랐다. 평화패러다임은 여성 중심 사회가 되어야 달성되는 것이며, 여성 중심 사회는 비록 전쟁이 있다고 하더라도 평화 속의 질투와 같은 것일 수밖에 없다.

서양이 주도하는 현대문명은 항상 심리적으로 스스로를 세상에 던져진(자궁으로부터 밖으로 던져진) '밖의 존재'라고 여기고, 그렇기 때문에 어머니는 없고(여자만 있고) 따라서 밖에서 문제를 만들고 문제를 해결하는 방식을 취한다. 양적이고, 물리적이고, 자기팽창적이다. 다시 말하면 서양 사람들은 안에서 문제를 해결하려고 하지 않는다. 자기수렴적이지 못하다. 이 말은 자기수행적이지 못하다는 말이다. 그래서 구원도 밖에서 받으려고 한다. 서양 사람들에게 '구원의 아버지'(하나님 아버지)는 있어도 '구원의 어머니'(하나님 어머니)는 없다.

예컨대 평화를 위해서 하나님 아버지에 기도하는 것보다는 갓난아이에게 젖을 물리고 있는 어머니를 떠올리는 것이 보다 평화적인 모습이고, 실지로 진정한 평화를 닮고 있는 것이다. 지금껏 가부장-국가사회는 평화를 위한다는 명목으로 전쟁을 일으켰으며, 적이나 악을 물리친다는 명분으로 전쟁을 미화했던 것이다. 인류의 영웅담이라는 것은 대체로 그러한 것이다.

평화와 인류애를 표방하는 고등종교라는 것도 원시종교, 예컨대 샤머니즘보다 합리적이고 이성적인 교리체계를 갖추고 있지만 국가 간 혹은 종족 간의 갈등과 전쟁의 명분의 도구로 이용된 경우가 많았으며, 때로는 종교 자체가 정의의 명분으로 선교를 위해서 전쟁의 전략을 택하기도 했다.

전쟁의 가장 큰 피해자는 어린이이며, 그 다음이 여성이다. 이를 거꾸로 보면 여성과 어린이는 전쟁을 본능적으로 싫어할 수밖에 없으며, 평화주의자가 되지 않을 수 없고, 그 자체가 이미 평화인 것이다. 평화로 위장된 남성의 덕성보다는 삶 자체를 즐기는 여성적 덕목이 더 평화적인 것이다.

인구의 증가와 더불어 일종의 생존전략으로서 모계사회의 가부장사회로의 전환이 일어났지만 이제 다시 모성중심사회로 돌아가지 않으면 안 된다. 인구가 적었을 때, 말하자면 마을사회였을 때에 가능하던 모계사회로 돌아갈 수는 없지만, 오늘의 인류는 모계사회의 덕목을 되살리면서 여성 중심 사회로 나아가는 것이 평화를 달성하는 지름길임을 알 수 있다.

인류 역사상
'여신(女神)의 폐위(廢位)' 사건

'지구 어머니, 마고' 신화를 오늘날 되찾게 되는 이유는 바로 평화를 이루지 않으면 안 되는 절체절명의 위기에 인류가 직면해 있기 때문이다. 핵무기를 포함한 가공할 전쟁무기는 더 이상 방치할 경우, 언젠가 인류를 멸망으로 몰아넣을지도 모를 뿐만 아니라 무기는 무기의 본능으로 인해서 호시탐탐 전쟁을 촉발시키고 있기 때문이다. 심하게는 어떤 자그마한 실수 하나가 인류를 멸망시킬 수도 있는 일촉즉발의 위험(전쟁시스템) 속에 인류가 생존하고 있다고 해도 과언이 아니다.

오랜 가부장사회의 전통 때문에 오늘날 인간은 국가를 영위하고, 그 국가의 국민(백성)이 됨으로써 자신의 안전한 삶을 보장받고, 또한 국가에 대한 책임과 의무를 다하며 사는 것이 당연한 것처럼 인식한다. 따라서 아버지, 남자에게 권력을 주는 인간사회가 당연한 것이 되었다. 평화를 주장하는 인류의 고등종교, 예컨대 기독교나 불교 등 대부분의 종교들도 은연중에 가부장사회를 지지하는 사상과 이데올로기를 경전 속에 포함하고 있다. 가부장사회의 이데올로기적 지지를 위해서 여자는 음으로, 양으로 억압되고 (이브의 원죄) 지탄 받게 되는 운명에 처했던 것으로 보인다.

대체로 지금부터 5천여 년 전부터 문명사회(가부장사회)를 이룬 것으로 보면, 그 이전에는 모계사회 혹은 모계적 성향이 큰 사회를 이루었다고 볼 수 있다. 농업혁명을 이룬 신석기 시대를 1만 년 전으로 보면 1만 년 전에서 5천 년 전 사이가 모계적 성향이 큰 사회였을 것으로 짐작된다. 기독교의 역사가 대개 6천 년 전으로 보는 것도 이 시기가 모계사회에서 부계사회로 전환되는 경계인 점과 통한다.

모계사회는 부계사회와 달리 인위적으로 그렇게 지칭되기보다는 여자가 아이를 낳으면서 자연스럽게 형성되었다. 다시 말하면 인류의 재생산(출산)에서 자연스럽게 어머니가 중심이 되고, 그렇게 양육하다 보니까 형성된 자연스러운 출계이다. 말하자면 혈통이나 출계 의식이 특별히 있어서라기보다는 자연의 연장선으로 볼 수 있다.

당시만 해도 수렵채집으로 살았기 때문에 남자들이 사냥을 해서 먹을거리(식량)를 구하는 것은 쉽지 않았고, 남자들은 또 사냥과정에서 사상 등 위험에 노출되기도 쉬웠기 때문에 불안정한 가족형태를 띠었을 것이다. 결국 가족이라는 것은 어머니와 자녀의 결속이 되었을 것이다.[2] 기독교의 성령으로 잉태되는 것도 모계사회의

---

2. 인도 남부의 네이어족은 '어머니와 그의 자녀들로 구성된 것을 하나의 가족(친족단위)'으로 규정한다. 혈연(핏줄)은 생물학적인 관계가 아닌 문화적 관념이다. 더욱이

정령spirit숭배의 관습과 관련이 있을 지도 모른다.

'여신의 폐위' 사건은 전반적으로 청동기시대, 즉 가부장-국가 사회로 접어들면서 발생하게 된다. 청동기시대는 흔히 '태양의 시기' 혹은 '태양화'Solarization가 전 지구적으로 일어난 시기이다. 여기서 '태양화'라는 것은 그 이전 샤머니즘 문명에서는 해와 달과 북극성을 동시에 섬겼는데 이제 해(태양)만 편파적으로 섬기는 시절이 되었음을 말한다. 태양은 권력을 상징하고, 권력은 지상에서 남자를 상징하게 되었던 것이다('태양=권력=남성').

다시 말하면 그 이전에 모계-샤머니즘 문명에서는 하늘의 해火를 비롯해서 달과 별(북극성과 북두칠성)을 동시에 숭배하면서 땅에서의 하늘의 해에 해당하는 금성金星, 金城과 달月이 물水을 줌으로써 생명을 유지케 했던 것(해+달+금성=비권력=여성)이 이제 태양의 절대권력을 숭배하는 방식으로 인류문명이 바뀌었음을 의미한다. 이는 인구의 팽창과 더불어 남성의 전쟁하는 힘이 부각되면서 태양숭배가 이루어졌던 것이다. 이를 좀 특징적으로 말하면 물의 숭배에서 불의 숭배로 인류문명이 전환되었음을 말한다. 한국의 단군신화도 이 시기와 맞물려 있는 것으로 유추된다.[3]

호주 북부 원주민 티위 족은 부성(父性)을 인정하지 않는다. 티위 사람들은 남자들 없이도 여자들이 언제든지 임신할 수 있다고 믿는다. 여자는 정령에 의해 임신하기 때문이다. 그 대신 아이에게 아버지를 만들어주기 위해 남편이 항상 있어야 한다. 그래서 여자는 태어나자마자 남자와 혼인해야 하고, 할머니일지라도 혼자된 여자는 재혼해야 한다. 생식에서 남자의 역할을 무시하는 사회는 호주 원주민 사회 및 태평양 제도의 여러 종족에서 볼 수 있다.
3. 박정진, 『단군신화에 대한 신연구』, 한국학술정보, 2010 참조.

인류의 고등종교란 기본적으로 모계원시(자연)사회가 부계국가 (문명)사회로 변하면서 부계사회에 적응한 신앙체계로 해석할 수 있다. 이 과정에서 국가종교(민족종교)에 머문 것도 있지만, 개중에는 세계종교로 발돋움한 것이 있는 것이다. 바로 세계종교로 진화한 것이 오늘날 고등종교로 자리 잡은 유교, 불교, 기독교, 이슬람교 등 세계 4대종교인 것이다.

국조신앙에 머문 한국의 단군교는 이 시기에 민족종교의 틀을 벗어나 세계종교로 진화하지 못한 종교에 속한다. 그래서 한국의 경우 민족의 위기 때마다 단군신앙이 되살아나는 것이다. 말하자면 단군은 한국인에게 집단무의식적 모성과도 같은, 본능과도 같은 민족종교인 것이다. 민족종교는 강력한 종교적 부성을 가진 보편적 종교가 아니라 모성과 부성이 혼재한 신앙인 셈이다. 그래서 본능적으로 민족의 위기 때에 부활하지만 평소에는 강력한 응집력을 발휘하지 못하는 것이다. 단군신앙은 모계성의 전통이 강한 종교인 것이다.

여신의 복권과
한국문화의 원시반본

　단군신화는 동북아시아 문명의 주도권을 하화夏華족에게 넘겨준 동이족이 자신의 정체성을 다시 확립하기 위해 정리한 것으로 보인다. 단군신화는 가부장성이나 종교적 절대성이 부족하여 국조신앙에 머물고 세계적 보편성의 대열에 참가하지 못했을 것이다. 그 이유는 그 속에 남아 있는 여성성 때문이다.

　"중원(동북아시아의 중심국가)에서 밀린 동이족들은 자신들의 정체성 확립을 위해서 다시 신화를 만들 필요성에 직면하게 된다. 단군신화 자체는 적어도 당시에 '역사 찾기 운동'의 일환으로 조작되었을 확률이 높다. 여기서 조작이라는 것은 터무니없는 거짓이라는 말이 아니라 상고시대의 신화와 역사를 되찾으려는 노력이라고 말할 수 있다. 이를 개인사에 비하면 큰집이 작은집에 밀려(자손이 못나서) 가계家繼를 잃었으나 다시 그 가계를 찾으려는 것에 비할 수 있다.

그렇게 되면 작은 집에서는 가계를 내놓지 않을 것이고 다시 가족사를 쓰지 않을 수 없게 된다. 그래서 실은 중국 상고사의 삼황오제는 동이족과 서이족의 공통조상일 가능성이 높다. 확실하게 중국사라고 할 수 있는 것은 우임금부터이다. 말하자면 복희, 여화, 신농(이상 三皇), 황제(소호), 전욱, 제곡, 요, 순 (이상 五帝)까지는 공통의 조상일 가능성이 높다"[4]

황제는 삼황에 들어가기도 하고 오제에 들어가기도 한다.

단군신화의 단군은 겉으로는 남성이지만 그 속에는 여성이 숨어있다. 이를 기호학적으로 말하면 '단군신화의 표상(記標: 기호의 표시)은 '단군할아버지'(남성성)이지만 의미(記意: 기호의 의미)는 '삼신할머니'(여성성)이다.'

그런데 이제 그 여성성이 다시 빛을 보게 되는 지구적 계절(문명의 전환기)에 접어들었다. 이제 지구촌은 평화의 시대를 앞두고 있는 까닭이다. 인류는 이제 평화의 시대를 정착시키지 않으면 공멸될 위기에 처해 있다. 인류는 종의 영속을 위해서 종교적 원시반본을 이루고, 인간중심주의를 버려야 한다. 전쟁을 버리고, 자연과의 조화적 삶을 되찾아야 한다. 이게 우리 시대의 진정한 복음이다.

한민족은 기본적으로 평화의 민족이어서 그런지 한 번도 남의 영토를 침범해본 적이 없는 민족이다. 이를 좋게 말하면 '평화의

---

4. 박정진, 『단군신화에 대한 신연구』, 한국학술정보, 2010, 164쪽.

민족'이지만 나쁘게 말하면 '남성성이 없는 민족'이다. 전쟁으로 점철된 인류사에서 이렇게 평화지향적인 민족이 아직도 역사에서 사라지지 않았다는 것은 역사에서는 거의 '기적과 같은 사건'이다.

한국에는 아직도 북방 유목민족의 샤머니즘 전통이 강력하게 자리 잡고 있다. 이는 우리 민족이 거슬러 올라가면 백색 옷을 입는 제사장 계급의 후예였던 것과도 관련이 있을 것이다. 이 말은 아직도 우리문화에는 물水신앙과 생명신앙, 북두칠성 신앙의 뿌리가 면면히 이어지고 있음을 의미한다. 그 이면에는 마고麻姑신화가 숨어 있는 것이다. 물 신앙은 생명신앙이고, 생명신앙은 소리신앙인 것이다.

마고신화는 오늘날 서구기독교문명이 이끌어온 〈태양신앙=불(에너지)신앙=물질문명화=자연의 황폐화〉의 문제를 치유할 수 있는 〈달 신앙=물(소리)신앙=생명신앙=자연회복〉의 유일한 대안으로 새롭게 부각되는 것이다. 여기에 한국문화의 인류문명사적 부활(원시반본)의 의미가 있다. 이제 〈남성=불=정신(문명)〉이 인류를 구하는 것이 아니라 〈여성=물=몸(생명)〉이 인류를 구하게 되는 시기에 접어들었다.

한국의 단군신화는 강력한 부계-국가신화를 형성하지 못하고 겉으로는 가부장신화이지만 그 이면에는 여성신화를 내포한 삼신할미신화, '마고신화'의 전통[5]으로 전해오고 있다. 그런 평화의 민족, 여성성이 강한 민족이 다시 지구상에서 빛을 보게 되는 역사적

---

5. 박정진, 『지구어머니, 마고』, 마고북스, 2014 참조.

전환기에 들어온 것이 작금이다. 평화야말로 이제 지구촌으로 하나가 된 인류를 구원할 가장 강력한 무기가 된 셈이다. 한국의 마고신화와 한국인의 평화의 심성이 세계인에게 구원의 빛이 되고 실질적으로 평화로 인도할 수 있는 패러다임으로 부상하고 있다.

아직도 세계 어느 나라보다 어머니와 딸의 모계적 연대가 강한 나라가 한국이다. 단군사상은 민족의 위기 때는 되살아나지만 그 위기가 지나면 곧 잊히고 만다. 그러나 삼신할머니는 항상 생활 주변에 있다. 이는 마고麻姑와 같은 창조여신의 신화가 우리의 집단 무의식에 자리하고 있기 때문이다. 그뿐인가. 가무를 좋아하고, 평화를 사랑하는 정신은 우리 민족의 DNA에 면면히 흐르고 있다.

더구나 한국은 지구의 동서남북의 교차점인 유라시아대륙의 끝 한반도에서 세계문화를 잘 섭취하고 소화하고 있기 때문에 세계인을 소통시키는 데에 가장 적절한 문화를 가지고 있다고 해도 과언이 아니다. 세계에서 유교의 진수가 가장 많이 남아있는 곳이 한국이고, 불교의 본래 모습을 제대로 볼 수 있는 곳이 한국이며, 기독교 또한 오늘날 세계에서 가장 융성한 나라가 한국이다.

한국에서는 세계의 어떤 종교도 받아들이고, 이들 종교들은 한국에 오면 대개 융성한다. 이러한 점도 타고난 여성성과 결부시킬 수 있다. 외래문화를 수용하고 발전시키는 데는 한국만 한 곳이 없다. 수많은 외침과 문화제국주의의 세례를 받았으면서도 생존한 것은 결국 외래문화를 잘 소화하고 적응한 덕분이라고 하지 않을 수 없다. 그러한 바탕에는 가무와 평화를 사랑하는 본성이 있기 때문이다. 한국문화의 특징을 종교성·여성성·예술성이라고 말하는 이도 있다.

우리 민족이 '평화와 저항'을 생존전략으로 택한 것은 일종의 반도적 특성이라고 할 수 있다. 그 특성은 문화·지리적으로 북방과 남방, 대륙과 해양, 인종과 문화의 종합적인 문화복합文化複合에서 드러난다. 이는 전반적으로 우리 문화의 '여성주의 및 민중주의'와 통한다. 이는 국제적으로는 '밖의 시각'에서 자신과 남을 보는 객관적인 입장이 아니라 '안의 시각'에서 자신과 남을 바라보는 주관적인 입장의 경향을 드러낸다. 또 인성적으로는 자신과 남을 다스리는 이성적 입장이 아니라 자신을 표현하는 감성적 입장을 드러내는 것과 맥을 같이한다.

한국은 고대사 이후 결코 제국을 형성하지도 않았지만 완전히 정복을 당하지도 않으면서 면면한 역사를 이루어왔다. 이것이 '여성성과 배타성'으로 특징 지어지는 한국문화가 형성된 이유이다. 이 같은 문화적 특성은 가부장제-제국이 주도하는 인류문명사로 볼 때 결국 생존전략으로서 사대주의를 하지 않을 수 없게 된다. 이는 정치적, 종교적, 문명적인 것을 아우르는 종합적인 특성이다. 고대에는 무교가 상부구조에 자리 잡고 있었지만 그것이 계속 불교와 유교로 대체됨으로써 한국은 주체성이 없는 문화가 되어버렸다.

물론 외래의 불교와 유교를 다시 샤머니즘화 하는 과정을 통해 주체성을 일정 부분 회복하기는 하지만 그것은 문화의 하부구조와 맞아떨어지지 않거나 시간적으로 성급하게 외래 이데올로기의 도

입과 토착화를 실현시키려고 하기 때문에 사회적 혼란을 겪게 된다. 역설적이게도 이 혼란(혼돈)으로 인해서 한국문화는 변동 과정에서 더더욱 무교적이 되기도 한다. 무교적 전통의 나쁜 점은 바로 과거에 속하는 귀신鬼神을 섬기면서 미래의 신神을 섬기지 못하는 데에 있다. 우리역사는 언제나 과거가 현재를 지배하는 '한풀이'의 성격이 강하다는 점이다. 그래서 시간적으로 발전이라는 의미보다는 과거, 현재, 미래가 한통속이 되어 두루뭉수리로 넘어가는 경향마저 있다.

어떻게 보면 남성적 권력경쟁의 속성을 가진 국가사회를 운영하기에는 부적당한 속성이기도 하다. 국가는 남성적 속성의 경쟁이라고 할 수 있다. 우리민족이 특히 종교적인 이유는 바로 여성성이 강하기 때문이다. 우리민족이 평화를 사랑하고, 대외적 영토 확장을 위한 팽창적인 침략을 패권 국가들처럼 하지 못하는 것은 바로 이것과 관련이 된다.

한국문화의 모계성과 여성성, 평화주의와 샤머니즘은 한국의 역사를 관통하는 심층구조와 심층심리로 자리하고 있다. 오늘날 한국문화가 세계의 여성시대를 선도하는 것은 고대로부터 이어온 역사·문화적 전통이 있기 때문이다.

통일교는 기독교가 이 땅에 들어온 이후 처음으로 스스로의 문제의식을 가지고, 스스로의 물음에 의해서 스스로의 답을 찾은 기독교이다. 그 답이 바로 '한恨의 하나님', '심정心情의 하나님'이다. 한과 심정은 우리의 것이며, 우리민족의 심층에 도사린 하나님이며, 그 하나님이 하늘로 승천하여, 다시 말하면 문선명 총재의 마음과 몸속에서(마음과 몸을 통하여) 인중천지일人中天地一하여, 드디어 탄생한 하나님이다.

통일교는 한국의 샤머니즘적 전통에서 처음으로 과거와 귀신鬼神이 아니라 미래와 신神을 달성한 종교이다. 또 그 신, 그 하나님도 스스로 만들어낸 하나님이다. 한의 하나님은 바로 우리의 모습이고, 심정의 하나님은 바로 우리의 모습이다. 말하자면 우리문화에서 솟아오른 용龍인 것이다.

이제 동양의 유불도儒佛道는 천부경을 섬기던 샤머니즘의 선仙으로 원시반본 하여야 한다. 통일교는 기독교로서 출발하였지만 이제 유불도를 통합하여 동이東夷문화의 선仙으로 회귀시켜야 하는 사명을 가지고 있다. 이들은 아직 선(仙: 자연)으로 회귀하지 못했다. 유불도는 아직 자연을 훔치고 있을 따름이다. 그래서 아직 도道가 도盜를 벗어나지 못했다. 이는 모두 가부장―종교―국가적 이데올로기 때문에 인류가 자연을 잃어버렸기 때문이다.

선仙은 자연이다. 자연은 여자이다. 자연의 상속자는 여자이다. 자연은 머리가 아니고 몸이다. 몸은 동시에 마음이다. 자연은 심물존재, 심물자연이다. 이들은 노력하여서 달성되는 것이 아니다. 본래 있는 것이다. 그래서 선仙은 시간도 공간도 없는 경지이다. 선仙은 선善, 선禪, 선鮮으로 통한다. '선'은 본래로 돌아가는 철학사상운동인 것이다. 비록 현재에는 시간과 공간 속에 사는 인간이지만 본래 시간과 공간도 없는 세계에 대한 동경, 선경仙境과 낙원樂園에 대한 꿈과 이상을 가슴에 품고 있는 것이다. 그곳은 어머니의 품과 같은 도태道胎가 있는 곳이다.

통일교가 세계평화통일가정연합이라는 명칭과 함께, 여성성으로 세계를 통일하려고 하는 것은 여성의 치마(보자기)로 세계를 감싸 안으려는 것으로 볼 수 있다. 여성성을 내세우는 평화사상이 아니면 지구촌은 진정한 평화의 땅이 될 수 없기 때문이다.

여기에 단군신화와 마고신화의 부활도 예상되고 있다. 세계에서 가장 여성적이었던 민족, 가장 평화를 사랑했던 민족이 문명의 원시반본과 함께 이제 세계사의 전면에 다시 등장하는 셈이다. 종교(종교국가)는 정치권력(국가종교)에 비해서는 본질적으로 여성적이다.

오늘날 우리민족과 인류에게 부여된 공통적 과제는 '통일'과 '가정'과 '여성'이다. 통일은 초종교·초교파, 가정은 종교 해체, 여성은 평화의 의미를 내포하고 있다. 이들은 모두 한국이 주도하는 인류문명의 미래를 담보하는 내용들이다. 이들 세 단어는 미래의 희망이고 빛이다.

4장

신화로
본
여성

"어머니는 천사장인 남성들과 싸울 수 없습니다. 자동적으로 굴복하지 않을 수 없도록 여성들이 똘똘 뭉쳐서 이 삼천리 반도에 여성의 바람, 태풍을 일으켜 남성들을 꼼짝 못 하게 해놓아야 됩니다. 그래야 대한민국이 통일되는 것입니다. 그것을 외적으로 지원하기 위해서 세계평화여성연합을 중심 삼고 세계의 국가들을 하나로 엮어 나오는 것입니다. 어머니 말씀을 듣고 축복을 받으면 하나 됩니다. 이제 여성을 내세울 때가 왔습니다. 이제는 어머니, 하늘 편 해와의 말을 들음으로써 복귀가 된다는 것입니다."

—『참父母經』, 1428쪽

전 지구적인
여성신화의 존재[1]

　부계-가부장사회가 되기 전에 인류는 오랫동안 자연발생적으로
모계사회를 유지했다. 모계사회란 여자가 아이를 낳고 가정을 지
키는 반면 남자가 사냥을 담당한 수렵채집시대에, 어머니와 자녀,
즉 모자간의 관계를 중심으로 가정을 유지하였던 사회를 말한다.
당시 남자들은 위험에 노출된 경우가 많았고, 심지어 집에 돌아오
지 않는 경우도 비일비재하였다.

　신석기 농업혁명 이후 인류는 농경과 목축(유목)을 통해 식량을
확보하여 늘어난 인구를 부양하다가 급기야 인구 팽창으로 인해
사회를 위계적으로 조직화할 필요에 직면한다. 아울러 제정일치
시대는 제정분리 시대로 넘어가게 된다.

　청동기시대 이후 남성중심-가부장국가(왕권)시대가 시작되고,

---

1. 이 글은 『통일세계』(세계평화통일가정연합, 2015년 2월호, 523호) 96-101쪽에 게
　재된 것이다.

남자들은 출계(혈통)를 권력화했다. 말하자면 혈통은 권력의 원형이었다고 말할 수 있다. 혈통은 요즘에도 재산상속에서 매우 큰 비중을 차지한다. 친족이 아닌 각급 사회기관·단체에도 유사혈통이라고 할 수 있는 정통성이나 권력 승계제도 및 장치들이 존재한다. 이는 남자들의 권력세계를 말해준다. 니체는 이를 권력의 의지로 설명했다.

새로운 2천 년의 시작인 21세기는 오랫동안 유지된 가부장사회가 다시 여성중심-모성사회로 전환하는 후천시대이다. 후천시대를 가장 먼저 말한 학자는 북송北宋의 상수象數학자 소강절邵康節이다. 수數에 대한 그의 생각은 18세기 유럽의 철학자 라이프니츠의 2진법에도 영향을 주었다. 그는 본래 도가道家였는데 역경易經을 공부하다가 모든 존재의 기본인 상수학象數學 이론을 만들었다.

역경에 따르면 선천 가부장국가사회가 '천지天/地의 시대'라면 여성중심-신모계공동체사회는 후천의 '지천地/天의 시대'이다. 지천시대는 여러 가지 점에서 여성적인 덕목들이 각광을 받고, 여성의 지위가 올라가게 되는데 종교에서도 신은 하늘에 있지 않고 땅으로 내려오게 된다. 다시 말하면 신이 사람이 되고자 하는 시절이다. 신이 인간을 사랑하여서 도저히 하늘에 홀로 있지 못하고 땅으로 내려오는 시절이다.

여성중심시대는 위에 있던 하늘이 아래로 내려오고, 아래에 있던 땅이 위로 올라가는 시대이다. 가부장사회에서는 하늘이 천리天理로 땅의 지기地氣를 억압함으로써 세계가 막힐 '비否의 시대'였다면 여성중심시대는 거꾸로 땅이 하늘을 올라탐으로써 세계는 열릴 '태泰의 시대'가 전개된다.

　인류는 앞으로 수천 년 동안 여성중심시대를 살게 될 것이다. 마고麻姑신화의 부활도 이러한 천지기운의 변화를 따라 일어나는 역사사회현상이다. 여성중심사회는 개인보다는 가정이 더 중요시되는 사회이다. 종교적으로 보면 개인구원보다는 가정구원이 우선시된다. 남성중심 사회에서는 뛰어난 개인과 리더가 중요하였지만, 여성중심사회는 가정의 관계가 중요시되고, 사회도 수직적 위계보다는 수평적 관계중심사회가 된다. 말하자면 파트너십partnership이 중요시된다.

　인류학자가 발견한 현존하는 모계사회는 그리 많지 않지만 그들의 삶을 통해서 우리는 신모계사회의 원리를 추출할 수 있다. 모계사회에서는 남자의 역할이 주변적인 것으로 물러나며, 평화를 지향하는 사회가 되기 마련이다. 역으로 평화가 정착되지 않으면 이러한 여성중심 사회는 불가능하다.

　지금까지 인류 4대문명의 발상지는 이집트의 나일강, 이라크의 유프라테스강과 티그리스강, 인도의 인더스강과 갠지스강, 중국의 황하강과 양자강으로 알려졌다. 이들 문명들은 대체로 가부장사회에 이미 들어갔거나 들어가기 직전의 문명이었다. 그러나 1980년대부터 발굴되기 시작한 요하문명, 홍산紅山, 赤山문명은 세계사를 다시 써야 할 정도로 모계사회를 보여주는 획기적인 유물들이 발굴되고 있다.

　요하문명은 특히 한민족의 조상으로 알려진 고조선 문명의 가능성을 유물로서 가장 확실하게 보여주는 유적이라는 점에서 주목된다. 인류문화의 한민족 출발, 동이東夷문화 원형설을 홍산문화는 뒷받침해준다고 하겠다. 또한 요하문명이 그동안 땅 속에 묻혀 있다가 21세기, '지천地天시대'의 전개에 즈음하여 발굴되고 햇빛을 보게 되는 것도 우연이 아니다. 바로 문명의 원시반본과도 밀접하게 관련을 맺는다.

중국 하북성河北省 요하遼河·발해만渤海灣 일대의 홍산문화紅山文化[2]는 옛 조선의 문화와 문화권을 나타내고 있는 것으로 추정되고 있다. 홍산문화는 대체로 하한선이 기원전 3,000년에서 상한선은 기원전 6,000년으로 밝혀지고 있다. 앞으로 발굴성과에 따라 옛 우리민족의 시원문화·모태母胎 문화로 정착될 가능성이 높아지고 있다. 그곳에서 발굴된 반가부좌 '웅녀熊女 여신상'은 고대 신교神敎 문화의 원형일 수도 있다.

정형진은 "홍산문화 지역은 한민족의 정신적 원형을 형성하는 단군신화의 무대가 된다. 따라서 우하량의 여신묘는 단군을 낳은 웅녀의 조상인지도 모른다."[3]라고 하였다. 정형진의 주장을 토대로 우하량 문화를 종합 분석한 우실하는 "황제를 포함한 3황 5제의 신화체계는 이미 남성 위주의 부계사회를 전제로 한 신화체계이고 홍산문화는 모계사회의 전통이 강하게 남아있는 초기 부계사회라고 본다. 홍산문화 만기는 모계에서 부계사회로 넘어가는 과

---

2. 홍산은 적봉(시赤峰市) 구區 북부 근교인 영금하英金河 동쪽 해안에 있다. 산 전체를 구성하고 있는 암석이 자홍색紫紅色을 띠어 홍산紅山이라고 이름을 붙였다.
3. 정형진, 『천년왕국 수시아나에서 온 환웅』, 일빛, 2006, 173-174쪽.

도기적인 시기라고 본다."고 말한다.[4]

요하 일대 신석기 만기의 홍산紅山 우하량牛河梁문화(기원전 3500~기원전 3000년)에서 발견된 여신묘의 두상은 많은 것을 상징한다. 홍산문화의 주도세력은 곰 토템족이었는데 '웅녀족熊女族=단군=모계'에서 부계로의 전환기를 나타내는 고고학적 자료로서 주목된다.[5]

환인=모계사회, 환웅=모계사회에서 부계사회로의 전환기, 단군=초기 부계사회라는 등식을 가상해 볼 수 있겠다. 환웅은 웅녀熊女로 상징되는 토착민을 정복하고 새로운 신시神市=國家를 건설한다. 고대사회에 곰이 권력의 상징으로 통하던 시절이 있었다. 그것은 유라시아 일대의 곰 신앙에서도 찾아볼 수 있다. 곰이라는 토템은 비단 한민족의 것만이 아니다.

'곰'이라는 말 자체가 '감'이라는 말에서 변형된 것으로 보는 학자도 있다. '감'熊, 儉, 今은 바로 '신'神이라는 주장이다. 일본말에는 오늘날도 '가미'かみ가 신神이라는 말이다. 한국의 웅녀熊女와 비교해 볼 만하다. 부계 이전에 모계의 흔적이라고 볼 수 있다.

곰과 웅녀熊女 그리고 여신女神의 관계는 고대사의 많은 비밀, 즉 모계-부족사회에서 부계-부족국가로의 전환을 밝혀주는 증거나 열쇠가 숨어 있는 것이라고 볼 수 있다. 심지어 기독교의 신화조차

---

4. 우실하, 『요하문명론』, 소나무, 2007, 316쪽.
5. 우실하, 같은 책, 170-194쪽.

도 실은 모계신화인 '동이-마고신화'에서 서진西進하여 강력한 부계신화인 '중동유대-하느님 신화'로 교체된 것이 아닌가를 의심해 볼 수 있다.

　홍산문화는 대체로 유목과 농업문화가 만나는 양상을 보이고 있다. 전통적으로 동이(東夷=현재 중국의 東北三省)지역과 하화夏華지역의 중간지역이라는 점에서 눈길을 끈다. 지금까지 발굴결과는 고도의 문명을 이룬 홍산문화가 지질학적 천재지변으로 인해 멸망하고 황하강과 산동 일대로 이주한 것으로 추측되고 있다. 이로써 고대 동이문화와 고조선문화의 연결 가능성이 있는 유적을 발굴한 셈이다.

　아버지의 존재가치가 확실하지 않던 시대에 인류는 어머니와 자녀의 강력한 모자母子라인에 의해 유지되었다. 한국에 여성신화인 마고麻姑신화가 가장 체계적으로 남아 있는 것은 한국이 포함된 동이문화가 인류문화의 원형문화 혹은 조상문화라는 것을 가장 강력하게 뒷받침해준다.

　모계신화 혹은 종교가 절대유일신(태양신)을 섬기는 강력한 부계종교로 변신하는 데는 모계사회의 비어 있는 '아버지의 자리'에 초월적·절대적 신을 대입하기만 하면 되는 자연스러운 것이었다. 아버지가 없는(聖人들은 대체로 아버지를 모르거나 아버지의 존재가 희미하다) 모든 아이들은 절대유일신의 자녀가 되면 성립되는 것이었다.

　제정일치시대가 끝나는 것과 더불어 모계사회-부계종교가 부계사회-부계종교로 변하는 것은 종교로부터 정치가 완전히 분리

되는 것과 때를 같이한다. 다시 말하면 부계사회—부계종교의 전형적인 가부장—국가사회로 변하게 되는 것이다. 인간을 나타내는 대명사에 있어서도 부계사회는 '남자'가 '인간'을 대표하지만 모계사회적 성향이 있는 지역에서는 '여자'가 '인간'을 대표한다. 예컨대 남자man가 인간Man의 대명사가 되지만 모계사회에서는 여자(Qiz: Kiz: 크즈)가 인간(Qis: Kis: 크스)을 대표하는 것이다.

기독교의 '하나님 아버지'에서 볼 수 있듯이 우리가 현재 익히 알고 있는 인류의 신화와 종교는 대체로 가부장사회의 영향을 받았다고 보면 크게 틀리지 않는다. 인류의 시원문명집단은 중앙아시아 지방에서 발흥하여 서쪽으로 혹은 동쪽으로 이동하면서 위도를 달리하여 북방·중앙·남방으로 흩어진다.

이때 가장 중심세력인 동이족은 한반도와 만주 일대(동북아시아 지방)에서 전성기를 이루었다. 오늘날 인류문명은 당시에 서진하여 중동, 유럽, 북남미 대륙을 거쳐 다시 제자리로 원시반본 하고 있는 셈이다. 오늘날 한국문화집단의 부흥은 옛 동이족의 영화를 되찾는, 알타이 문명의 복원을 이끈다는 점에서 예사로운 일이 아니다.

신화와 종교도 역사·사회적 영향을 받고 그것에 의해 각색된다. 부계신화는 우주론적·생물학적인 차원이 아니라 역사(시간)·사회(공간)적 차원이다. 역사·사회적 차원이라는 것은 이미 권력이 개입한 것을 말한다. 이와 달리 모계사회—모계신화는 비권력적인 특성을 가지고 있으며, 가장 자연스러운 것이다.

유럽·중국·이집트의 여성신화

모계-여성신화는 동서양을 막론하고 분포하고 있다. 그리스 신화에서 대지의 여신으로 일컬어지는 가이아Gaia는 본래 우주를 대표하는 신이었다. 카오스(혼돈)에서 스스로 탄생한 대초의 신들 중 하나로 신들의 왕인 1대 천신天神 우라노스Uranos의 어머니이자 아내였다. 가이아는 혼자서 대지에 산맥의 신 오레Ore을 만들고 바다의 신 폰토스Pontus와 자신을 덮어줄 하늘의 신 우라노스를 낳았다. 가이아는 아들인 우라노스와 관계하여 크로노스Cronos(시간을 나타냄)를 포함한 12명의 티탄Titan(거인)를 낳았다.[6] 로마신화의 텔루

---

6. 가이아는 외눈박이 거인 키클로페스 3형제(Cyclopes)와 손이 백 개 달린 거인 헤카톤케이르 3형제(Hecatoncheires)를 낳았다. 원하지 않던 자식(키클로페스와 헤카톤케이르)을 낳게 한 것은 우라노스에게 책임이 있다고 판단하고 몸속에 있는 아다마스(adamas: 다이아몬드)라는 금속으로 낫을 만들고, 막내아들 크로노스에게 우라노스의 성기를 낫으로 잘라버리게 했다. 크로노스는 우라노스의 성기를 잘라 아버지의 권세를 빼앗았다. 그리고 신들의 왕인 2대 천신이 된다. 크로노스의 아들 제우스는 다시 크로노스를 물리치고 제3대 천신이 된다. 그리스 신화는 그래서 남자들의

스Tellus에 해당한다.

가이아는 모든 신과 인간의 원초가 되는 신으로서 고대 그리스 인들이 제우스를 최고신으로 받들기 이전에 숭배하던 대지모신大 地母神이었다. 말하자면 기독교식으로 말하면 창조의 하나님, '하나 님 어머니' 혹은 '혼돈의 여신'이었던 셈이다. 그러던 것이 부계사 회가 되면서 단지 '대지의 신'으로 격하되고 말았다.

그리스의 가이아뿐만 아니라 동양에도 크고 작은 여신들의 이야 기가 많다. 한국이 신화의 중심지(발원지)로 알려진 '마고麻姑, Mago' 신화는 물론 가장 대표적인 것이고, 중국의 '여와女渦'신화도 있 고,[7] 이들은 모두 한국의 마고신화가 흘러갔거나 변형된 것으로 해석된다. 왜냐하면 이들 여성신화는 모두 일종의 파편과 같이 일 부만 전해지고 있기 때문이다.

중국의 여와는 여성을 신화적 인물로 그린 것으로는 가장 오래 된 것이다. 중국의 신화에는 복희伏羲와 여와女渦가 인류를 낳았다 는 이야기가 있다. 여와는 중국 사료에서 나오는 한국의 마고와 같 은 인물이다. 여와는 중국 삼황오제 중에서 삼황에 들기도 하고 빠 지기도 하는 인물이며 인간을 탄생케 하였다.

권력다툼을 반영하고 있다.

7. 일본의 '아마테라스 오미가미(天照大神)' 신화도 있다. 아마테라스 오미가미(天照大 神/天照大御神)는 태양신으로 일본 신도(神道)의 최고신이다. 아마테라스라는 '하늘 에서 빛나다.'라는 뜻이다. 그녀는 이자나기의 왼쪽 눈에서 태어났다. 천황과 일본인 들은 자신들이 아마테라스의 혈통을 이어받았다고 주장한다. 아마테라스는 『고사기 (古事記)』(712) 진무천황(神武天皇)의 노래에도 고나미(古那美), 즉 '큰 어미'의 뜻으 로 나타난다. 그러므로 '이서국 출신의 여신'으로 해독이 된다. 앞으로 연구가 기대 된다.

남매간인 복희와 여와는 곤륜산에 있었다. 이들은 인면사신人面
蛇身으로 얼굴은 사람이지만 몸은 뱀의 형상을 하고 있다. 복희와
여와는 뱀의 모습으로 서로 감고 있었다고 하는데 이는 오늘날로
볼 때는 음양사상을 나타낸 것으로 해석된다. 복희와 여와 신화는
곤륜산을 중심으로 하였는데 이후 동쪽으로는 복희 신화가 전파되
고, 서쪽으로는 여와 신화가 전파되었다. 오늘날 카자흐스탄, 키
르키스탄 등 중앙아시아 일대에는 여와 신화가 많이 퍼져 있다. 이
여와 신화가 서쪽으로 나아가서 구약의 여호와(야훼) 신화가 된 것
으로 유추된다.

중앙아시아 파미르고원을 중심으로 동서로 퍼진 북방유목민족
의 알타이신화는 해와 달과 성신(북극성)을 섬긴다. 북방민족은 북
극성을 중심에 두고 시계방향의 반대방향으로 돌았는데 지상에서
해를 상징하는 것은 금성(시온산, 시온성)이고 달을 상징하는 것은 바
이칼호수로 이를 중심으로 시계 반대방향으로 계절마다 유목지를
돌면서 공생했던 것이다.

이때 북극성을 중심으로 계절마다 돌고 도는 북두칠성은 하늘
의 시계 역할을 하였으며, 샤먼들은 이것을 보고 계절을 알고, 다
음 목초지를 향하는 시기를 앎으로써 안전한 생존을 하였던 것으
로 보인다. 이 북극성 신앙이 샤카족인 부처님에게도 전해져 불교
의 만다라 신앙이 되었으며, 북두칠성의 계절별 모습을 보여주는
것이 오늘날 윷판이고 윷놀이인 것이다. 알타이민족에게 땅은 소
유가 아니라 공유되었던 것으로 풀이된다.

인류학적으로 보면 중앙아시아를 중심으로 한 유라시아 일대는 거대한 샤먼제국(샤머니즘을 바탕으로 한 제국)인 고조선 국가연맹체가 존재했는데 한국(동이족)도 그 하나이다.[8] 오늘날은 음운학적으로 '겨레'(겨레: 고려: 9개 민족 · 九夷族, 환국 12개 국가)는 '케레이'(까마귀: 금성)의 변형으로 보인다. 김정민 박사에 따르면 한국을 포함하여 지금의 영국 켈트족에서 일본 황실에 이르기까지 유라시아 전역에 분포한 것으로 연구되고 있다. 말하자면 오늘의 고등종교인 유·불·선·기독교가 유라시아 전역에 들어서기 전에는 북극성과 북두칠성(#⚺☾☋)을 섬기는 샤머니즘이 지배적인 종교였으며, 고등종교의 문양인 십자가(☥), 만다라(卍) 등도 실은 샤머니즘의 문양이거나 변형이었다.[9]

한편 뱀에 대한 신화나 전설은 많이 나온다. 뱀은 인류가 지상에 등장하여 만난 가장 위험한 존재, 혹은 생존경쟁을 다툰 동물인 것 같다. 뱀이 동서고금을 막론하고 토템이 되고 있는 데서 이를 잘 알 수 있다. 뱀이 토템이 되었다는 것 자체가 이미 인간의 삶에 깊숙이 침투하였음을 의미하기에 충분하다. 동양에서는 뱀과 뱀에서 승화된 용龍이 신령스러운 존재로 다루어진다.

기독교 성경에서는 이브를 유혹하여 무화과(사과, 선악과)를 먹게 한 장본인이 사탄이며, 사탄은 흔히 용으로 그려진다. 본래 신과 사탄은 강력한 힘과 지혜를 가진 존재이면서 에너지의 양극단을

---

8. 박정진, 『사람이 되고자 하는 신들』, 문학아카데미, 1990, 29쪽; 박정진, 『종교인류학-북두칠성(井)에서 태양(+)까지』, 불교춘추사, 2007, 178-228쪽.
9. 박정진, 『종교인류학-북두칠성(井)에서 태양(+)까지』, 불교춘추사, 2007, 26-175쪽.

대표한다. 그러한 점에서 기독교 성경도 이야기의 전개에서는 악마적 역할을 하는 존재이지만 뱀이 강력한 존재임에는 공통점을 가지고 있다. 극과 극은 통한다는 진리가 여기에서도 통한다.

인도 오리싸Orissa 코나락Konarak의 태양신전에 새겨진 부조는 복희·여와의 그것과 거의 같다. 이는 음양암수의 생산을 의미하는 것 같다. 이들은 메소포타미아에 진출하여 오늘날 서양문명의 모태인 수메르 문명을 이루었다.

재미있는 것은 소리를 따라가다 보면 '여와'가 '여호와(야훼)' '하와(해와)'가 어떤 연관성을 가지지 않았을까 하는 가설에 이르게 된다. 여와가 부계신화로 돌변하면서 유대교의 '여호와'로 둔갑하고, 다시 여와는 부계신화의 압도에 따라 그 아래에서 태초의 남자인 아담과 함께 태초의 여자인 '하와(이브)'로 변신하는 가설 말이다.

유대민족과 한민족의 관계는 오늘날 하나님(하늘신앙)을 섬기는 데서도 쌍벽을 이루고 있지만 인종학적으로도 옛날에 한곳에서 살던 민족이 동서로 갈라진 것이 아닌가를 짐작케 하는 추정들이 제기되고 있다. 말하자면 중앙아시아 파미르고원 일대에서 살던 알타이민족이 알타이 투르크와 알타이 스키타이-브리야트로 나누어지면서 다시 스키타이가 서쪽 유대 쪽으로, 브리야트가 동쪽 한민족 땅으로 이주해간 것이 아닌가 하는 점이다. 유대민족은 '히브리'족인데 한민족은 '해부루' 민족인 것이다. 철저한 가부장사회를 지원하는 절대종교인 유대기독교는 뱀과 여자를 함께 원죄로 묶었다.

아무튼 여와는 중국판 '마고'이다. 앤드류 콜린스가 지은 『금지된 신의 문명』에서는 대문명을 조사하다 보면 뛰어난 문명을 이룩한 지역에서는 뱀을 닮은 사람들 이야기가 많이 나온다고 한다. 뱀이란 성경을 비롯하여 고대문명의 흔적을 이야기할 때 반드시 나오는 테마동물이다.

뱀 토템은 인류 고대신화의 심층에 공통적으로 도사리고 있는 토템이다. 이것과 마고신화는 어떤 연관을 가진 것은 아닐까. 그런데 뱀과 여자는 닮은 점도 많다. 뱀은 종종 원형적圓形的인 우주를 상징할 때 쓰인다. 뱀이 똬리를 틀면 입과 꼬리가 만나고 이것은 시작과 끝이 만나는 우주를 의미한다. 뱀은 음陰을 상징하는 동물이다. 여자도 마치 뱀과 같이 유연하며 기름지고 지혜롭다. 뱀은 문명의 원형성原形性을 가지고 있다. 클레오파트라도 뱀을 좋아했다.

앞에서 그리스 신화의 가이아에 대해서도 살펴보았지만, 이집트의 태양신인 '라Ra'도 여신이었다. 태양이 저녁에 죽고, 아침에 태어나며 이를 주관하는 하늘은 태양을 삼켰다가 다시 탄생시켜야 하는데 이에 여성의 자궁이 필요한 것 때문이었다. 태양은 자연의 순환을 상징한다. 그래서 원은 태양신 라의 상징이었다.

지금은 태양이 남성성을 상징하고, 달은 여성성을 상징하지만(특히 동양에서) 태양은 처음에는 여성성과 남성성의 이중성을 배태하고 있었다. 결국 땅(땅의 순환, 지상의 계절)이 태양을 낳고, 태양은 하늘을 대변하였던 셈이다. 하늘이 된 태양은 그때부터 땅을 지배하게 되었다. 이것이 가부장사회로 들어가면서 하늘과 땅이 대립하게 되고, 하늘-땅이 지배관계가 되었는데 이는 음양의 자연을 양음의 문명으로 전도시킨 사건으로 해석할 수 있다.

이집트 신화에서 최고의 신은 태양신 라Ra인데(별도로 아침 태양은 케프리(Khepri), 석양은 아툼(Atum)으로 부른다) 태양신에 앞서 '혼돈의 물'을 상징하는 눈Nun이라는 신이 있었는데 이것은 축소되어 흔히 신전의 '거룩한 호수'로 자리매김된다. 태초의 물로부터 아툼Atum신이 솟아올라 천지를 창조함으로써 헬리오폴리스의 최고신으로 자리 잡게 된다. 아툼이 솟아오른 곳이 원시의 언덕 벤벤Benben이라는 곳인데 피라미드는 바로 벤벤 언덕을 상징하는 것이다. 헬리오폴리스에 있었던 소형의 피라미드는 아툼의 '화석정자化石精子'로 '벤벤의 신전'으로 불렸다. 신들의 탄생은 태양신인 아툼의 자위행위로 이루어졌다고 한다.

이집트 신화는 도리어 땅의 신을 남성화하고 있다. 결국 태양은 순환(재생산)하기 때문에 하늘에 올라 여신이 되어야 하고 그 대신 땅은 남신의 지배하에 들어간다. 태양신 여신을 상왕으로 모시고 하늘로 올려 보낸 뒤 남신은 지상에서 권력을 획득하는 격이다. 이집트 신화는 문명이 어떻게 자연을 해석하여 전도시키고, 남자가 어떻게 여자를 전도시켜 권력을 획득하는가를 적나라하게 보여준다.

고대에 신에서 폐위되었던 여신들은 오늘날 다시 기지개를 켜고 있다. 여성시대는 여성신화의 부활과 함께 남성권력적인 것의 퇴조를 불러오고 지구촌 평화의 시대로 나아가고 있다.

5장

여성성과
지구공동체

"전쟁과 갈등은 이기적인 동기에서 영토나 재산 등 남의 것을 빼앗고자 할 때 벌어지는 것입니다. 반면에 평화는 남을 위해 자신을 희생할 때, 즉 참사랑을 베풀 때 오는 것입니다. 우리 여성연합이 지금까지 심혈을 기울여 전개해 온 '이웃과 사회를 위한 봉사와 나눔의 활동'은 평화운동의 귀한 초석이 될 것입니다."

- '세계평화와 여성의 역할Ⅱ', 『平和經』, 976쪽

부도지(符都誌)의 마고신화[1]

신라시대 내물왕(17대)~눌지왕(19대) 때의 충신 박제상朴堤上(363 ~419)이 쓴 부도지符都誌는 세계의 여성신화 가운데서 가장 체계적으로 이야기가 전개되는, 전래 역사서로 취급될 수 있을 정도의 신화역사복합문이다.

한국의 마고신화는 여신을 중심으로 하는 완벽한 신화체계를 보여주면서 세계의 관심을 불러일으키기에 충분하다. '마고'는 그 자체가 '여신'이라는 뜻을 갖고 있다. 마고Mago는 '마갓Magod'이 될 수도 있다. 신神과 왕王과 '해(태양)'는 같은 의미로 제정일치 시대에 혼용되었다.

마고의 '마ma'는 여성성을 대표하는 철자이다. 우리가 잘 알고 있는 맘mam, 몸mom, 마음maum, 마인드mind, 멘탈mental 그리고 문

---

1. 이 글은 『통일세계』(세계평화통일가정연합, 2015년 3월호, 524호) 98–101쪽에 게재된 것이다.

moon, 마리아maria, 마더mother, 물질material, 마린marine, 멀티multi, 매스mass, 매니many, 머치much 등 여성성을 나타내는 말들은 모두 'm'자로 시작하는 경우가 많다.

여성성을 나타내는 또 다른 철자는 'w'자인데 w자는 m자를 거꾸로 한 것이다. w자로 시작되는 단어로서 여성성을 나타내는 단어는 '우리'를 나타내는 'we(위)'를 비롯해서 'woman' 'world' 'web' 'water' 등 너무 많기에 여기서는 생략한다.

참고로 '우리'와 '위'는 발음이 비슷하고 모계사회의 흔적과 성향을 은적시키고 있다고 볼 수 있다. 한국 사람들은 '내 아내my wife'를 '우리 마누라'라고 말하고 '내 남편my husband'을 '우리 서방'이라고 말한다. '내 자식'을 '우리 자식'이라고 말한다. 여기 '우리'에 모계사회의 비밀이 숨어있다.

마고의 '고高, god'는 지금은 '높음'을 나타내지만 신도 높은 곳(하늘)에 있는 존재이고, 왕도 높은 지위에 있는 사람이며, 신과 왕은 '해(태양)'와 같은 반열에 있게 된다. '해'는 '왕王'이나 '신神'을 뜻한다. 인류의 신화시대나 고대에는 여성 신과 남성 신의 가역왕래가 있었다.

마고 및 환단桓檀 시대 이후 한국 고대사의 왕들의 이름을 보면, 예컨대 북부여의 역대 왕들은 1세 해모수解慕漱, 2세 해모리, 3세 고해사, 4세 고우루, 5세 고두막, 6세 고무서이고, 동부여의 1세는 해부루이다. 해모수의 둘째 왕자 고진高辰의 손자인 고모수高慕漱, 일명 불리지弗離支가 청하靑河 하백河伯의 딸 유화柳花와 사통하여 고구려 시조 고주몽高朱蒙을 낳았다.

'마고'의 이름에서 따온 '고'의 전통은 왕들에게 이어지고 있음을 볼 수 있다. '해'와 '고'자는 하늘의 해를 말하는 것으로 옛말 '거/가'에 대한 소리 옮김이다. 신神이라는 뜻의 '갓god'도 이와 연관이 있을 것으로 보인다.

재미있는 것은 '마고'의 글자를 바꾼 '고마'는 곰熊에서 파생된 단어이다. 곰녀熊女는 바로 여신이라는 뜻이다. '고마'는 바로 군君(기미)과 신神(가미)을 의미한다. 단군은 곰의 아들이 아닌가? 마고는 단군신화 이전의 신화이다.

신화적으로 볼 때, 문명이란 여성과 자연을 상징하는 원을 남성과 문명을 상징하는 직선으로 표시하려는 노력의 산물인지도 모른다. 수평으로 펼쳐진 자연의 파노라마와 순환을 머리 위에 수직으로 떠 있는 하늘의 태양을 중심으로 재구성한 것이다. 태양신은 그래서 자연의 순환이면서 동시에 직선을 추구하는 문명의 모순의 산물이다. 순환의 신, 곡선의 신, 자연의 신을 직선의 신, 수직의 신, 창조의 신으로 만드는 데에 태양신은 결정적인 역할을 한다.

태양신도 여성에서 남성으로 변천하였다. 태양신이야말로 인류의 고등종교들이 공통적으로 숭상하는 신이다. 태양신은 인류의 시원신화에 반드시 등장하는 신이다. 그 이유는 지구는 우주적으로 볼 때 태양계의 일원이고 가족이기 때문인데 이러한 천문학적 사실이 과학적으로 밝혀지기 전에 이미 사람들은 삶을 영위하면서 이를 파악하였던 셈이다. 그러한 점에서 신화와 종교와 과학도 실은 같은 계열의 담론이라고 생각할 수도 있다. 태양이야말로 인류의 삶에 있어서 가장 중요한 토템이었으며 태양은 그 후 샤머니즘과 고등종교에서도 계속 가장 핵심적인 신앙의 대상이었던 것 같다.

이제 부도지符都誌의 마고신화에 들어가 보자. 마고麻姑, Magod의 '마Ma'[2]는 여자, '고Go'[3]는 신神. '마Ma'는 '지구 생명의 구원자', '고姑'는 '사당에 모셔진 창조여신', 마고할미[4]는 마고 하느님the God

---

2. '마'(ma)는 여성성을 표상하는 인류의 대표적인 상징어이다. 앞으로 이 책의 여러 곳에서 '마'를 설명하게 될 것이다. '마'(麻)는 역사의 역(歷)자와 책력의 역(曆)자를 파생시킨다. 역사의 역자에는 지(止)자가 들어있고, 책력(역법)의 역자에는 일(日)자가 들어 있다. 이는 의미심장하다. 역사란 시간을 정지시키는 행위이다. 역사 이전, 혹은 책력 이전, 혼돈은 단순한 무질서가 아니라 카오스모스(chaosmos)이다.

3. 최근 과학계에 '가이아 가설(Gaia Hypothesis)'이 등장했다. 가이아 여신은 지구의 생물들을 어머니처럼 보살펴 주는 자비로운 신이다. 1970년대 초 영국의 대기학자 제임스 러브록은 지구의 역사와 생물 진화에 대한 종래의 견해들과는 전혀 궤도를 달리하는 새로운 이론을 제시했다. 그는 우리들이 살고 있는 이 지구가 '살아 있는 하나의 거대한 유기체'라고 주장했다. 그리고 지구 생물권을 단순히 주위 환경에 적응해서 간신히 생존을 영위하는 소극적이고 수동적인 존재가 아닌, 오히려 지구의 제반 물리 · 화학적 환경을 활발하게 변화시키는 적극적이고 능동적인 존재라고 규정했다. 그러면서 러브록은 이러한 자신의 이론을 '가이아 가설'이라고 명명했다. 먼저 러브록은 지난 30여 억 년 동안 대기권의 원소 조성과 해양의 염분 농도가 거의 일정하게 유지돼 왔다는 사실에 주목했는데, 만약 생물이 지상에 출현하지 않았다면 절대로 그렇게 될 수 없음을 간파했다. 그리고 탄소, 질소, 인, 황, 염소 등 지구를 구성하는 주요 원소들이 대륙과 해양을 오가며 순환하고 있다는 사실도 발견하였는데, 놀랍게도 이런 물질들의 매개자가 전적으로 생물이라는 점 또한 알아냈다. 생물들은 기후를 조절하고 해안선을 변화시키고, 때로는 대륙을 이동시킬 수도 있었던 것이다. 따라서 러브록은 자연스럽게 이 지구가 생물과 무생물의 복합체로 구성된 하나의 거대한 유기체라는 결론에 이르렀다. 이를 뒷받침하기 위해 저자는 20여 년간에 걸쳐 지구와 생물의 유구한 역사를 연구하면서 지질학, 생물 진화학, 기후학 등에 담겨진 최근의 이론들에 근거한 과학적 증거들을 제시하고 있다.

4. 할머니는 '한+어머니=큰 어머니', 할아버지는 '한+아버지=큰 아버지'의 뜻이다. 말하자면 마고 할머니, 단군 할아버지는 창조여신, 창조남신을 지칭하는 대명사이다. 지금 지리산에는 역사적으로 유서 깊은 지명들이 많다. 삼신산(三神山), 삼태동(三台洞)이라는 산명 혹은 지명이 있다.

Mago이었다.

부도지에 따르면 인류의 역사는 파미르고원의 마고성에서 시작된다. 파미르고원은 높이가 5,000m로서 '세계의 지붕'이라는 별명이 있다. 북쪽으로는 천산산맥天山山脈이 동서로 뻗어 있으며, 남쪽에는 곤륜산崑崙山이 역시 동서로 길게 뻗어 있다.

파미르고원의 '파+미르'는 '밝은 뫼'로 해독되며, 이 지방의 대부분은 타지키스탄의 고르노바다흐산 주州에 속하며, 동쪽은 중국의 신장웨이 우얼 자치구新疆維吾爾自治區, 남서쪽은 아프가니스탄에 속해 있다.

부도지에 따르면, 마고는 남편 없이 궁희穹姬와 소희巢姬를 낳았고, 궁희와 소희 역시 남편 없이 궁희는 황궁黃穹과 청궁靑穹을, 소희는 백소白巢와 흑소黑巢를 낳았다고 한다. 또한 이들은 4명의 천녀天女, 4명의 천인天人을 낳았다.

마고는 율려律呂의 여신으로 '혼돈混沌의 소리'로 대표되는데 요즘의 과학으로 말하면 소리는 '파동'을 의미한다. 파동은 소리와 빛을 동시에 포괄하기 때문이다. 궁희와 소희는 음과 양을, 4명의 천인·천녀들은 4대 원소인 공기氣, 불火, 물水, 흙土을 상징한다고 한다. 여기서 남성이 없이 단성으로 자녀를 낳았다는 것은 부계사회가 여성의 존재를 출계에서 생략하듯이 남성의 존재를 생략한 것이었을 것으로 보인다. 아니면 생물의 진화론상 양성생식 이전에 단성생식의 시기를 모성(몸체)이라는 관점에서 은유한 것이라고 볼 수 있다. 마고사회는 모계씨족사회母系氏族社會였다고 생각한다.

앞에서도 말했지만, 부도지는 기독교 창세기의 구조와 흡사하다. 지구 어머니 '마고'의 후손들이 모여 사는 이상향 '마고성'에서 지유地乳만을 먹고 살던 천손족天孫族 중 '지소支巢'라는 사람이 우연히 포도를 맛보고, 포도의 다섯 가지 맛에 빠져서 본래의 신성을 잃어버리고, 주변 사람들도 타락하기 시작했다.

이에 신성한 마고성에서 더 이상 살 수가 없다고 판단한 마고성의 지도자 황궁, 청궁, 흑소, 백소 네 사람(네 종족의 대표)이 마고 어머니께 인간의 본성을 회복한 후 다시 돌아오겠다는 복본의 맹세를 하고 마고성을 나와서 동서남북으로 각각의 무리를 이끌고 흩어져 현재의 황인종, 백인종, 흑인종의 조상이 되었다는 줄거리다.

여기서 '지유'를 먹고 살았다는 점은 땅을 여성으로 보고 있고, 여성성이 원죄나 타락과는 관련이 없음을 상징하고 있다. 그런데 타락하는 계기가 사과(무화과)가 아니라 포도를 먹는 데서 비롯된다는 점에서(포도는 지중해 연안 사람들이 즐겨 먹는 과일이다) 기독교 성경의 무대와는 다른 곳의 신화임을 알게 한다.

마고(麻姑, 인류사의 시원) → 궁희(穹姬): 황궁(黃穹), 청궁(靑穹)
→ 소희(巢姬): 백소(白巢), 흑소(黑巢)

마고신화는 1) 황궁黃穹씨족은 이동하여 한국문화, 2) 청궁靑穹씨족은 이동하여 중원문화, 3) 백소白巢씨족은 이동하여 중근동 및 서구 문화, 4) 흑소黑巢씨족은 이동하여 인도 문화를 이룬 것으로 전개되고 있다. 그리고 5) 북·중·남미로도 마고 씨족은 이동한 것으로 설명하고 있다.

당시 마고 씨족이 이룬 제국은 '무Mu' 제국이었다. 영국의 고고학자 제임스 처치워드James Churchward에 따르면 무 제국은 태평양 레무리아 대륙에 있었는데 갑작스런 천재지변과 홍수로 인해 약 25,000년 전 침몰하였다고 한다. 무 제국의 심볼 마크는 M이다. 무 제국의 국화는 연꽃이었다. 무 제국의 동쪽 끝은 현재의 이스터 섬, 북쪽 끝은 하와이 제도, 서쪽 끝은 마리아나 제도, 그리고 남쪽 끝은 지금의 쿡 제도에 해당한다. 동서의 길이는 8천 킬로미터, 남북은 5천 킬로미터로 지금의 태평양 면적의 절반 크기다. 무 대륙에 인류가 나타난 시기는 지금으로부터 약 5만 년 전. 무 대륙에는 매우 우수한 민족이 살았는데 고도의 고대문명을 이루었다.

무 제국의 인구는 열 개의 민족으로 구성되어 약 6천4백만 명이었다. 머리색, 피부색, 눈의 색은 제각기 달랐지만 각 민족 간에 차별은 없었다. 무 제국은 특히 건축술과 항해술이 고도로 발달했다. 그들은 진취적인 기질이 풍부하여 배를 타고 세계 각처를 떠돌았다. 서쪽으로는 아시아, 유럽, 이집트와 교류했고, 동쪽으로는 북아메리카 중부에서 남아메리카 북부까지 진출하여 그곳에 자신들의 식민지를 건설했다고 한다.

처치워드가 나아칼의 점토판을 해독한 것에 따르면 약 7만 년 전 나아칼이 영감의 책을 위구르 제국의 수도로 가져갔다고 했는데, 마고성에서 위구르의 수도로 가져갔다고 보는 것이 옳은 것 같다. '무'제국과 '위구르'제국은 같은 것이 아닌가 여겨진다. 무Mu제국의 '무'와 마고성의 '마'는 같은 '어머니'의 뜻이라고 한다. 그런데 무 제국은 태평양 상의 무 대륙에 있었다기보다는 위구르의 수도, 그 당시 비옥한 땅이었던 고비사막에 위치하고 있었으니 당시의 교통사정으로 보아서 파미르고원으로 보는 것이 타당하다고 사료된다.

이러한 무 제국, 무 대륙의 신화는 지금의 지질학으로 보면, 아마도 인도대륙이 아시아대륙과 떨어져서 아프리카의 마다가스카르 섬에 가까이 있었던 것과 관련이 있는 것으로 생각된다. 지구 판구조의 이동으로 인도대륙과 아시아대륙이 만나서(충돌하여) 히말라야 산 일대의 세계의 지붕을 만들고, 오늘의 지구모양을 갖추기 전의 사실을 담고 있는 것으로 생각된다. 부도지에 마고신화가 남아서 오늘에 전하는 것은 마고의 적통嫡統이라고 할 수 있는 황궁씨(한민족)의 후손인 한민족에게 '부도符都의 사실'이 전해졌기 때문이다.

부도지는 박제상[5]이 쓴 일종의 신화체적 역사서이다. 박제상은

5. 『삼국사기』에 박제상은 신라 시조 혁거세(赫居世)의 후손으로 제5대 파사 이사금의 5대손이며 할아버지는 아도갈문왕(阿道葛文王), 아버지는 파진찬(波珍湌) 물품(勿品)으로 되어 있다. 신라는 백제 세력을 견제할 필요에 의해 402년(실성왕 1) 내물왕의 셋째 아들인 미사흔(未斯欣)을 왜에, 412년에는 내물왕의 둘째 아들인 복호(卜好)를 고구려에 파견해 군사 원조를 요청하였다. 그러나 왜와 고구려는 이들 왕자를 인질로 감금하고 정치적으로 이용하고 있었다. 내물왕의 큰아들 눌지왕은 즉위 후 두 동생을 고구려와 왜로부터 구출하기 위해 군신을 불러 협의하였다. 그 결과 수주촌간(水酒村干) 벌보말(伐寶靺), 일리촌간(一利村干) 구리내(仇里迺), 이이촌간(利伊村干) 파로(波老) 등 세 사람이 모두 박제상이 그러한 역할을 맡을 역량이 있는 적절한 인물이라고 천거하였다. 당시 박제상은 양산(梁山) 지방의 토호 세력으로서 삽량주간(歃良州干)이라는 직책에 있었다. 그는 418년(눌지왕 2) 왕명을 받들어 먼저 고구려에 가서 장수왕을 언변으로 회유해 복호를 구출하고 무사히 귀국하였다. 귀국한 즉시 왜에 인질로 가 있는 미사흔을 구출하기 위해 부인의 간곡한 만류를 뿌리치고 떠났다. 그는 왜에 이르러 마치 신라를 배반하고 도망해 온 것처럼 속였다. 마침 백제 사신이 와서 고구려와 신라가 모의해 왜를 침입하려 한다고 거짓으로 꾸며 말하였다. 이에 왜가 병을 파견해 미사흔과 박제상을 향도(嚮導: 길을 인도하는 사람)로

우리나라 선비정신과 충신의 효시라고 할 만한 인물이다. 부도지는 충렬공 박제상 선생이 삽량주歃良州 간干으로 있을 때에 쓴 역사서로, 보문전 태학사로 있을 때에 열람할 수 있었던 자료를 회고하고, 가문에서 전해 내려오던 비서를 정리하여 저술한 책이다. 영해 박씨 가문에는 예부터 전해오던 비서가 많았는데 아마도 이 가문이 박혁거세를 비롯하여 한민족(동이족)의 혈맥을 잇는 중요한 위치에 있었던 것으로 보인다.

조선시대 생육신의 한 사람인 매월당 김시습金時習(1435~1493)은 참으로 한국의 보배 같은 존재이다. 금오신화金鰲新話의 저자로 잘 알려져 있지만 그보다는 부도지를 전한 인물이라는 점에서 더 중요하게 평가된다. 그가 징심록澄心錄 15지誌와 박제상의 아들인 백결 선생이 보탠『금척지金尺誌』와 자신이 보탠『징심록추기』등 총 17지(책)를 전하지 않았다면 우리는 부도지의 존재도 모를 뻔했다. 부도지는 바로 징심록의 제1지이다. 불행하게도 이 가문은 조선조에는 생육신인 김시습 등과의 친분, 최근세사에는 박헌영의 출생으로 각종 수난과 압박을 받아온 탓으로 귀중한 옛 문서가 많이 유실되었던 것으로 보인다.

삼아 신라를 침략하고자 하였다. 왜의 침략 세력이 신라를 치러 오는 도중에 박제상은 강구려(康仇麗)와 협력해 왜병을 속여 미사흔을 탈출시키는 데 성공했으나, 그 자신은 붙잡혀 왜왕 앞에 끌려갔다. 왜왕은 그를 신하로 삼기 위해 온갖 감언이설과 협박으로 회유했으나, 그는 차라리 신라의 개나 돼지가 될지언정 결코 왜의 신하가 될 수 없다고 해 끝까지 충절을 지키다가 마침내 유형에 처해져 불에 태워지는 참형을 받아 죽었다. 이러한 사실이 신라에 알려지자 눌지왕은 그의 죽음을 애통해하며 그를 대아찬으로 추증하고 부인을 국대부인(國大夫人)으로 책봉했으며, 둘째 딸을 미사흔의 아내로 삼게 하였다.

부도지는 삼국유사三國遺事(고려 충렬왕: 1310년경)보다 860여 년 앞선 역사서로 고대 사서史書가 빈곤한 우리나라에 정말 보배와 같은 존재이다. 김시습이 아니었다면 오늘날 우리는 부도지를 볼 수 없었을지도 모른다. 부도지는 단군은 물론이고 그보다 훨씬 이전의 마고(마고할미)에 이르는 역사를 복원하게 하는 한민족의 최고경전이다.

마고신화는
마고할미 전설로 남아

    부도지의 마고여신은 그동안 제대로 민족 신화로서 대접을 받지 못하다가 최근에 이르러서야 빛을 보고 있다. 이것도 한민족에게 역사적 운이 돌아온 때문으로 보인다. 그동안 마고는 마고할미 전설로 한반도 곳곳에서 단편적으로 전해졌다. 마고할미는 삼신(산신)할미가 되기도 하면서 전해졌는데 지리산에서는 '마고단麻姑壇'이 '노고단老姑壇'으로 음이 변하여 남아 있다. 삼신三神은 산신産神이 되기도 했지만, 본래의 의미는 단군의 삼신, 즉 조화신, 교화신, 치화신을 의미한다. 이는 또한 천신, 지신, 인신을 말한다.

    경상대학교 신경득 교수(국어국문학과)는 「웅녀의 산신격 연구」(『배달말』 제42집, 2008년)라는 논문을 통해 지리산의 산신체계를 밝혔다. 신 교수는 논문에서 "지리산의 산신체계는 웅석봉에 좌정한 웅녀를, 천왕봉에 좌정한 천왕신모가 이어받고 다시 쌍계신모가 이어받은 것"이라고 밝혔다. 이어 "노고단 남악사에 서낭신으로 좌정한 노고할미는 천왕신모의 다른 이름인 마야고·마고인데 이는 천왕신모를 내림받은 경우이다"라고 덧붙였다. 결국 단군을 낳은 웅녀신앙은 사라진 줄 알았는데 신모신앙으로 내려옴을 알 수 있다. 마고할미 전설은 여러 가지 이본이 있다. 지리산 노고단 마고할미가 제주도의 선(설)문대할망과 합해져서 18세기 장한철張漢喆이 쓴 「표해록漂海錄」에는 마고가 선마고詵麻姑라고 나온다.

마고와 관련되는 신화는 강원도 「삼천군지」에도 보인다. 이곳 취병산 서쪽 백월산 중턱 바위굴의 서구할미가 그것이다. 서구할미는 어린애를 홍역에 걸리게 하거나 길 가는 남자를 홀리고, 제물을 바치지 않으면 해를 입히는 등 부정적인 이미지로 변했지만 효자인 최아무개가 머리에 쑥뜸을 뜨자 "효자가 벌을 주니 달게 받겠다."고 말하고 며칠 만에 죽었다고 말한다.

이것은 후대에 가부장제와 유교적 세계관에 의해 변형된 것으로 보인다. 서구할미가 죽어서 바위로 변한 것이 서구암이다. '마고할미'가 '마귀할멈'으로 변한 것이다. '마고'와 '마귀'의 발음이 비슷하다. 마귀는 마고를 악화시킨 것이다.

그런데 재미있는 것은 단군이 거느리는 박달족이 마고할미가 족장인 인근 마고성의 마고족을 공격하는 이야기가 있다. 평양시 강동군 구빈마을에 내려오는 전설이다. 싸움에 진 마고할미는 도망친 후 박달족과 단군의 동태를 살폈는데 단군이 자신의 부족에게 잘해주는 것을 보고 마음으로 복종한다고 한다. 단군은 투항한 마고할미와 그 아래 아홉 장수를 귀한 손님으로 맞아 극진한 대접을 한다. 아홉 손님을 맞아 대접한 곳이 구빈九賓 마을이고, 마고가 항복하기 위해 마고성으로 돌아오면서 넘은 고개를 왕림枉臨고개라고 한다. 제주도 선문대할망은 창조여신이었지만 제주도의 창조남신 천지왕(옥황상제)에게 자리를 내준다. 이것은 전반적으로 모계사회가 부계사회로 변하는 신화모티브이다.

단군신앙은 마고신앙의 후속으로 보인다. 마고신앙은 단군신앙에 의해서도 가려졌지만 그래도 부도지를 쓴 박제상에 의해 명맥을 유지하고 있다. 부도지의 저자 박제상朴堤上의 관향인 경북 영덕군의 영해에는 '마고산'이 있다. 황해도 성주와 강동 지방에서는 지석묘支石墓가 마고할미를 위해 장수들이 만들어 준 것이라고 하며, 평안남도 양덕군 주민들은 마고할미 자신이 장수여서 그 큰 돌을 운반해서 직접 만든 것이라고 한다.

평안남도 맹산군 사람들은, 마고할미가 매우 인자한 이라 가난한 사람에게 저고리와 치마, 속옷까지 벗어주고 맨몸으로 부끄러워 나다닐 수 없어서 지석을 만들어 그 속에 살았다고 한다. 또한 황해도 봉산지방의 전설에는 마고할미가 넓고 평평한 돌을 하나는 머리에 이고 두 개는 겨드랑에 하나씩 끼고, 하나는 등에 지고 와서 지석을 만들었다고 한다.[6] 지석묘는 청동기 시대의 묘제이다. 주거장치는 아니다. 단지 마고의 신화가 전해 내려오는 과정에서 이런 이야기가 신비감을 더하기 위해 붙은 듯하다.

---

6. 박용숙, 『한국의 시원사상』, 문예출판사, 1985 참조.

중국 운남성 이족의 창조여신, 아헤이시니마는 금빛 바닷물을 마시고 하늘과 땅을, 해와 달을 낳고, 신과 동식물을 낳고, 인간을 낳는다. 그 여신은 키가 구만 발, 꼬리가 구십 발, 눈과 귀가 열네 개, 젖이 스물네 개나 되는 거인이다. 이것은 그야말로 자연 그 자체이다. 마고는 자연 자체를 신격화한 것으로 보인다. 말하자면 마고는 자연이라는 '동사적 생성체'를 '명사적 존재체'로 만들기 위한 인류의 노력으로 보인다.

세계는 하나의 공동체,
지구촌

　마고신화가 이 시대에 부흥하는, 원시반본 하는 까닭은 세계가 하나의 공동체, 그야말로 지구촌이 되도록 하기 위한 신화적·역사적·문화적 공동기반을 인류로 하여금 확인케 하기 위한 섭리일 것이다. 동서양이 서로 다른 것처럼 그동안 이해되었지만, 이제 동서양의 종교들이 실은 샤머니즘의 각 문화권적·지역적 변형이었을 뿐이라는 것을 알 수 있다.

　샤머니즘의 모계적−원시적 신화와 종교의 원형인 '마고'는 인류가 부계사회로 전환되고 고등종교의 부계적−고등종교의 신화와 종교로 바이블화 되면서 각 지역의 생존적 조건과 필요에 따라 서로 다른 경전을 가지게 되었고, 유교·불교·도교·기독교화 되었다.[7] 그러나 동서양 언어의 소리와 의미를 따라가 보면 신화와 종

---

7. 박정진, 『종교인류학−북두칠성井에서 십자가+까지』, 불교춘추사, 2007 참조.

교와 문화의 원형이 같음을 알 수 있다. 그 대표적인 것을 요약하면 다음과 같다.

• 단군 = 탱그리 = 탄트라(불교) = 사신도(四神圖: 도교) = 음양오행(陰陽五行: 유교)
• 기독교 홍수신화(노아와 식구들: 8명) = 선(船: 舟+八+口: 8명의 식구가 한 배에 타 있음) = 팔괘(八卦: 건곤감리진손간태: 부 · 모 · 중남 · 중녀 · 장남 · 장녀 · 소남 · 소녀)
• 하느님 = 하느님의 아들 = 아바타(Avatar: 인도전설) = 아파알(阿巴嘎; 고대 만주어) = 안파견(安巴堅; 환단고기) = 아바칸(Abakan; 러시아)

구약성경의 원천은 알타이-투르크 지방인 것으로 추정된다.

"구약성경에 나오는 여러 이야기가 알타이-투르크 민족이 최초로 국가를 건설했던 지역에서 많이 발견되는 이유는 구약성경이 고대종교였던 단군교(탱으르슐드크 카)에서 내용을 많이 차용했기 때문인 것으로 보인다. 고대 투르크인들 사이에 전하는 단군사상을 기록한 전설들을 보면 구약성경에서 나오는 천지창조, 홍수설화, 바벨탑전설, 인간의 창조 등등 수많은 내용들이 일치하는 것을 많이 발견할 수 있는데 그 이유는 A. D. 3세기경, 성 조지Saint George(A. D. 275~303)가 시리아 지역에서 거주하던 단군교를 믿던 아시아계 유목민족을 정복하고 그들의 신앙철학과 성상물들을 기독교에 집어넣으면서 유럽에 전래되었기 때문이다."[8]

---

8. 김정민, 『단군의 나라, 카자흐스탄』, 글로벌콘텐츠, 2015, 38쪽.

세계의 어계語系는 크게 인도-유러피언 언어와 우랄-알타이어로 나누어지지만 그 바탕언어가 있을 것으로 추정되며, 음성언어인 한글(고대 한글: 가림토어)이 자리하고 있을 확률이 높아지고 있다. 이와 관련하여 인도·네팔지역의 고대어인 드라비드어에 대한 연구도 요청되고 있다.

한글을 바탕으로 하면 세계의 모든 언어의 뿌리를 유추할 수 있기 때문이다. 인류의 문자는 소리가 기호화되면서 의사소통이 단절되었다고 유추할 수 있다. 세계의 공통모어母語인 한글의 음성언어는 세계 각국의 조어祖語가 되었을 가능성이 높다. 소리(발음)를 통해서 보면 "세계의 언어는 하나의 뿌리를 가지고 있다."라고 말할 수 있다.

문자언어(글말)는 역사의 전개에 따라 서로 통하지 못하는 바벨탑이 되었지만, 소리언어(말글)는 문자언어의 뿌리로서 남아 있는데 그것이 바로 한글이다. 한글의 소리와 교집합 부문이 많은 언어가 인도의 산스크리트어(범어)이고, 인도유럽어 가운데 영어가 '발음기호'의 제정을 통해 본래소리를 보존하기 위해 가장 애를 많이 쓴 언어이다. 따라서 영어에서 한글발음과 통하는 단어가 비교적 많은 것은 독일어나 서반아어, 프랑스어에 비해 본래의 소리에 접근한 인도유럽어이기 때문이다.

6장

여성성의
부활

"하나님이 '여성해방운동을 하라.'고 해서 아버님이 어머니를 모시고 다니면서 세계평화여성연합 대회를 했습니다. 미국에서 돌아와 집에 들어오니까 밤 11시가 되었습니다. 그리고 식구들을 모아서 얘기를 하다 보니 12시 20분이 되었습니다. 고단한데도 그 시간에 출발해서 대회가 열리는 곳에 새벽 3시 반에 도착했습니다. 그것은 종이 가는 길이지 주인이 가는 길이 아닙니다. 집에서 자고 아침에 가도 넉넉할 텐데 왜 밤중에 갔느냐? 차 사고가 나서 굴러 떨어질 뻔하기도 했습니다. 무슨 이익이 생긴다고 그렇게 합니까? 세계의 남성들도 내가 하는 것처럼 아내를 모시라고 가르쳐 주는 것입니다. 앞으로는 여자들이 자리 잡아야 할 때가 오기 때문에 그러한 전통을 세우기 위해서 그렇게 했다는 것입니다."

- 『참父母經』, 1431쪽

지구 어머니와
마고(麻姑)[1]

왜, 지금 '지구 어머니 마고'가 시대적 부름이고 요청이고 과제인가? 왜 하늘과 땅은 동시적으로 '어머니'를 부르면서 조응하고 공명하고 있는 것일까? 이는 그만큼 지구라는 땅덩어리가 각종 개발과 공해로 인해 '문명병'에 병들어 있기 때문이다. 지구가 병들면 지구에 둥지를 틀고 살고 있는 인간은 어쩔 수 없이 병들기 마련이다. 지구는 지금 중병, 아니 불치병에 걸린지도 모른다.

인류는 그동안 유지해 왔던 남성중심-아버지 중심의 문명시스템을 바꾸지 않으면 인류공멸의 전쟁의 위협에서 벗어날 수 없는 지경에 이르렀다. 평화문제는 이제 문명시스템을 전반적으로 바꾸

---

1. 마고(麻姑)는 인류가 빙하시대 제4간빙기에 해수면이 높아졌을 때(노아의 홍수신화도 이때를 상징한다) 지구의 가장 높은 고원지대인 파미르고원 일대에서 씨족-부족국가를 운영했던 전설상의 '인류 최초·최고의 여성 신' 'The God Mago'을 의미한다. 이 글은 『통일세계』(세계평화통일가정연합, 2015년 1월호, 522호) 94-98쪽에 게재된 것이다.

고, 인간의 삶에 대한 우리의 태도를 근본적으로 바꾸지 않으면 안 되는 사태임이 증명되고 있다.

그렇다면 태도의 근본적인 바꿈이란 무엇일까. 한마디로 아버지의 지배하는 태도, 명령하는 태도에서 어머니의 사랑하는 태도, 가슴에 품는 태도로 바꾸어야 하는 것이다. 나아가서 어머니는 제 자식, 제 새끼에게만 젖을 주는 것이 아니라 모든 자식, 모든 새끼에게 젖을 물리는 마음을 가져야 한다. 이는 참으로 지극한 인류의 어머니, 지구 어머니의 마음이고, 참부모의 마음이다.

지금까지 인류는 약 5～6천 년 동안 하늘의 원리, 즉 천리天理를 가지고 살아 왔다. 그러나 이제 땅의 심정과 사랑, 즉 지기地氣를 가지고 살아가야 할 지구(우주) 계절에 이르렀다. '지기'가 무엇인가 하면 바로 대지大地의 사랑, 모성애이다. 대지가 뭇 생명에게 먹을 것을 주고 길러주는 마음, 이것은 은유적으로 땅의 젖, 지유地乳라고 말할 수 있을 것이다.

'지유'는 땅의 선물이고, 땅의 풍요로움이다. '지유'는 지덕地德을 의미한다. 마고여신이 등장하는 한민족(동이족)의 전래 역사서 『부도지符都誌』에서도 지유를 인류 최초의 음식으로 소개하고 있다. 마고사상은 지유와 더불어 이해하는 것이 가장 은유적·신화적으로 접근하는 데에 효과적이다.

마고사상이라고 하면 낯설게 생각하는데 실은 문선명 총재는 이미 그 사상을 전파하였다고 할 수 있다. 통일교 신자들이 들으면 쉽게 납득이 가지 않을 것이다. 문 총재는 명시적으로 마고여신을 언급한 경우가 없었기 때문이다. 그러나 문 총재의 원리사상에는 항상 여성 혹은 여성성에 대한 배려가 있었고, 심지어 여성을 '천지인 참부모'의 반열에 올려놓았다. 이는 전통(보수) 기독교사에서는 예외적인 것이었다고 말할 수 있다.

통일교-가정교회의 교리를 구체적으로 들먹이지 않더라도 쉽게 말하면 '심정의 하나님'이라고 하는 것도 실은 마고사상의 표현이라고 말할 수 있다. 문 총재의 사상은 크게 두 가지로 볼 수 있는데 전통적 기독교의 논리를 계승한 로고스logos·지성의 계열로서 원리원본(원리강론, 원리해설)이 있고, 다른 감정·사랑의 계열로서 심정의 하나님이 있다고 볼 수 있다.

무엇보다도 육체를 가진 메시아, 즉 실체적 메시아의 실현은 그 어떤 것보다도 마고사상의 체현이라고 말할 수 있다. 왜냐하면 마음과 몸의 일치를 통한, 즉 〈몸〉의 입장이야말로 통일교-가정교회의 핵심 신학 내용이기 때문이다. 이 부분에 대해서는 다음 장에서 구체적으로 언급될 예정이다.

天	理	天理	聖靈	原理	마음	
人						몸
地	氣	地氣	地乳	心情	몸	

문 총재의 마고사상이 그동안 보는 이에 따라서는 로고스에 의해 가려졌다고 볼 수 있는데 이 부분이 바로 심정의 하나님이고, 심정의 하나님이야말로 마고사상과 바로 연결되는 사상이고, 참부모님 가운데서도 참어머님에 더 가까운 것이다.

지금까지 이 부분이 상대적으로 덜 알려진 것은 가부장제의 역사 전개 과정에서 아직 때가 이르지 않았기 때문이었고, 로고스를 위주로 하는 서양문명의 사람들에게 통일교 교리를 효과적으로 가르치기 위한 현실적·시중적時中的 전략이었다고 볼 수 있다. 그러나 이제 본격적으로 여성과 어머니가 위주가 되는 '지천地天시대'로 진입하였기(기원절을 출범시켰기) 때문에 심정의 하나님과 마고사상을 위주로 교회사와 인류사를 전개하여야 하는 시점에 이르렀다고 볼 수 있다. 이제 로고스보다는 심정에 호소하여야 사람의 마음을 움직일 수 있는 시대에 접어든 셈이다.

마고사상은 바로 통일교가 세계평화여성연합으로 개칭한 것은 물론이고, 6천 년 기독교사의 약속의 완성이라고 할 수 있는 성약成約시대에 이르러 '메시아의 신체적(실체적) 완성'에 이어 자연스럽게 따라 일어나는 천지인의 섭리라고 말할 수 있다. 몸(신체)은 대지大地의 선물이고, 대지의 신과 더불어 있고, 대지에서 완성되지 않으면 신과 메시아는 진실로 완성된 것이라고 말할 수 없다. 하늘에 정신으로만 있던 하나님이 지상에서 몸으로서 육화되었다는 사실 자체가 바로 여성성의 완성, 여성적 완성을 의미하는 것이다.

우주적 섭리사로 볼 때 실로 여자가 낳지 않는 인간이 있을 수 없으며, 여자의 힘과 능력과 부덕이 없으면 육화된 하나님은 지상에 존재할 수 없는 것이다. 그동안 여성의 역할은 남성의 권력과 권위에 의해 묻혔다고 볼 수 있다. 그러나 이제 여성의 의미가 드러나고 있는 것이다.

이렇게 보면 통일교-가정연합은 표상적(기표적)으로는 '하나님 아버지사상'이었지만, 의미적(기의적)으로는 '하나님 어머니사상'이었다고 말할 수 있다. 이는 단군사상이 기표적으로는 '단군할아버지'였지만 기의적으로는 '삼신할미(마고할미)'였던 것과 같은 이치이다.

통일교 속에는 이미 가정연합이 있었던 것이다. 통일교와 가정연합의 결정적인 차이점은 통일교는 아직도 또 하나의 종교로서, 종교 아닌 종교로서 불가피하게 종파적인 특성이 남아 있지만, 가정연합에는 지금 지구상에 흩어져 있는 가정을 연결만 하면 되는 비종교적이고 비종파적인, 마고적인, 다시 말하면 지구촌 마을사회의 가정네트워크의 특성이 있는 것이다.

가정을 연결하면 저절로 형성되는 것이 원시마을공동체이고, 이러한 공동체야말로 실질적으로 평화를 달성할 수 있는 삶과 살림의 모습이고, 이미 평화로운 인류사회의 미래의 모습이다. 미래는 국가는 있으되 명목적인 것이고, 실질적으로 세계는 마을공동체·커뮤니티 단위로 살아가게 될 것이다. 오늘날 전자공동체는 그 좋은 예이다.

가부장제-기독교 서구사상으로는 결코 평화를 달성할 수 없다. 모든 세계가 절대유일신인 하나님 아버지를 믿을 때까지 전도해야 하고, 정복해야 하고, 극단적으로는 전쟁을 해야 하는 것이 기독교이기 때문이다.

통일교의 진정한 목적인 종교의 통일을 이루려면 바로 가정연합의 형태가 되지 않으면 통일을 달성할 수 없다. 종교의 통일은 바로 강제적인 통일, 하나의 절대유일신만을 믿는 종교가 지구상에서 포기될 때 성취될 수 있는 것이다. 그런 점에서 통일교-가정연합은 서로 계승관계에 있으면서 모순관계에 있고, 그렇기 때문에 모순을 극복할 수 있는 계기를 마련할 수 있게 된다. 심정의 하나님이야말로 평화세계 구현의 다른 말이다. 그러한 점에서 통일교는 원시반본原始返本의 종교라고 말할 수 있다. 통일교는 세계적으로는 신흥기독교이지만 국내적으로는 단군사상과도 연결됨으로써 전통종교의 자생적 부활이라고 말할 수 있다.

남성중심(부계가부장사회)	여성중심(모성중심사회)	
통일교(혈통중심)	세계평화통일가정연합(가정중심)	남성에서 여성으로
원리원본(심정의 하나님)	심정의 하나님(원리원본)	교회의 중심이동

성경과
부도지(符都誌)

마고 여신의 신화를 체계적으로 담고 있는 부도지에 대해서는 앞으로 자세히 말할 기회가 있겠지만, 우선 개략적 이해를 돕기 위해서 말한다면, 바로 '지유地乳'와 '오미五味의 화禍'로 인한 신화가 마고신화라고 말할 수 있다.

'땅의 젖'을 먹고 살 때는 인류가 평화로운 공동체를 이루며 살았다. 그러던 어느 날 '마고'의 후손들이 모여 사는 이상향 '마고성麻姑城'에서 천손족天孫族 중 '지소支巢'(백소씨의 자손)라는 인물이 우연히 포도를 맛보고, 포도의 다섯 가지 맛에 빠져서 본래의 신성을 잃어버리고, 따라서 주변 사람들도 타락하기 시작했다.

이에 신성한 마고성에서 더 이상 살 수가 없다고 판단한 마고성의 지도자 황궁黃穹, 청궁靑穹, 흑소黑巢, 백소白巢 등 네 여인이 이끄는 종족부족은 마고 여신에게 인간의 본성을 회복한 후 다시 돌아오겠다는 복본의 맹세를 남기고 마고성을 떠나게 된다. 마고성을 나와서 동서남북으로 각각의 무리를 이끌고 흩어져 현재의 황인종, 백인종, 흑인종, 그리고 나머지 인종의 조상이 되었다는 줄거리다.

부도지는 성경과 이야기 구조가 흡사하다. 성경의 창세기는 하나님 아버지, 여호와가 천지를 창조한 주인이지만 부도지에서는 하나님 어머니, 마고가 천지를 개벽한 것으로 되어 있다. 성경에서는 에덴동산에서 '이브'가 사탄의 유혹에 빠져 사과(무화과)를 먹은 것으로 수치(지혜)를 알게 되어 낙원에서 추방되는 것으로 시작되고 있다. 반면에 부도지에서는 '지소'가 포도를 먹은 것이 화근이 되어 '오미五味의 화禍'와 함께 '오미五味의 맛'을 알게 되면서 본성을 잃어버린 것으로 되어 있다. 성경은 사과를 먹고 수치심과 함께 지혜를 얻게 되는데 반해 부도지에서는 포도를 먹고 오미의 화禍와 함께 오미의 맛이라는 감각을 얻게 된다. 지혜는 지성적·남성적인 것인데 반해 맛은 감각적·여성적인 것이 대조를 이룬다.

부도지와 성경은 둘 다 인간이 본성을 잃어버리는 계기가 된 것이 '과일'을 잘못 먹은 것이 원인으로 되어 있다. 이야기의 완성도 부도지는 복본復本: 修證復本의 날을 기다리고 있는 반면, 성경은 복락復樂: 復歸攝理의 날을 기다리고 있다.

기독교 성경	마고의 부도지	
하나님 아버지(여호와)	하나님 어머니(마고)	하나님
이브/사과(원죄)	지소/포도(五味의 禍)	과일
수치-지혜	오미(五味)의 맛-감각	지혜/감각
실락-복락	본성 상실-수증복본	원시반본
천지창조(로고스)-부계	천지개벽(소리)-모계	창조/개벽

한편 성경에서는 아브라함에서 이삭으로, 이삭에서 야곱으로, 그리고 예수에까지 이르는 남성(아들)에 의해 혈통(출계)이 이어지는데 부도지에서는 혈통이 여성(딸)에 의해서 이어진다. 그런 점에서 성경이 부계父系-가부장제의 구조를 가진 반면에 부도지는 모계母系-모권제의 구조를 가지고 있다. 그래서 부도지는 모계사회의 신화라고 일컬어지고 있다.

부도지가 오늘날 새롭게 의미를 갖는 이유는 바로 인류가 오래동안 잃어버렸던 여성중심의 사고를 회복하게 하는 데에 있다. 우리가 지금까지 이해하고 있는 모든 종교와 사상 등 이데올로기의 이면에는 실은 남성중심의 사고가 으레 배어있다. 부지불식간에 우리는 남성이든, 여성이든 남성중심의 사고에 의해 살아왔던 셈이다.

인류가 지금까지 남성중심으로 살아온 것과 정반대로 여성중심으로 살아갈 수는 없을까? 남성중심의 사고는 인류가 오늘날 70억이 넘는 인구를 가지게 하는 데에 큰 역할을 했지만, 남성-가부장-국가 중심 사회가 전쟁과 환경파괴로 인하여 성장의 한계를 맞고 있다. 그렇다면 인류가 앞으로 어떻게 살아야 인류를 보존하고, 지구를 보존하고 평화롭게 영원히 살 수 있느냐 하는 것이 관건이 되고 있다.

과연 남성중심의 혈통주의(종족종파주의)가 '지구의 평화'를 달성할 수 있느냐 하는 근본적인 물음에 직면하고 있다. 여성 중심 사회야말로 혈통주의를 벗어나서 모든 인류를 한 품(가슴, 울타리, 우리)에 품을 수 있는 사상 혹은 이데올로기가 아닐까 하는 점이다. 여성이 혈통과 진리를 주장하지 않는 것은 여성은 몸 자체가 바로 혈통이고 진리이기 때문이다. 여성은 몸 그대로 존재이고 심정이고 사랑이다. 여성이야말로 말로써 주장하지 않더라도 인류의 '우리We'와 통한다. 인류가 과학적으로 추적할 수 있는 최초의 조상은 '미토콘드리아 이브'이지 않는가.

여성은 '나I', '너You'라는 의식과 말이 생기기 이전의 무의식적 '우리'이다. 한글의 '우리'와 영어의 '위We'는 발음이 유사하다. 아마도 한글과 영어는 공통조상을 가지고 있거나, 아니면 한글이 인류의 소리글자(음성언어, 말글)시대의 공통어가 아니었을까 짐작해본다. 원시부족사회로 갈수록 '우리'라는 의식이 강하다. 도시문명사회로 올수록 '나I' '너You' '그것It'이라는 의식이 강하다. 말하자면 오늘날 지구촌 사람들은 후자에 의해 살아가고 있다고 할 수 있다.

후천개벽시대라고 불리고 있는 21세기 이후는 다시 '우리'라는 사상을 되살려서 살아야 하는 시대인 것이다. 원시부족사회의 소리글자를 사용하는 집단이 인류의 고대문명의 원형이고, 조상인류라면 소리는 문명의 존재(원초적 존재)이고, 감성(순수감성)이다.

바벨탑과 말,
그리고 소리

한글의 '우리'라는 말 자체가 실은 여성중심사회의 흔적이다. 그런데 '우리We'라는 말은 여성의 자궁을 상징하는 '웹Web'과 발음이 비슷하다. 여기서 한 가지 덧붙일 것은 마고여신은 바로 소리의 여신이라는 점이다. 마고신화는 우주의 근본을 '혼돈混沌의 소리' 혹은 '혼원일기混元一氣'라고 한다.

마고신화는 기본적으로 '땅의 관점'에서 신화를 전개하고 있다. 여기서 땅의 관점이라는 것은 '여성의 관점'이고, 여성의 관점은 '몸의 관점'을 의미한다. 우주는 '하나의 몸'이고, '하나의 소리'인 셈이다. '땅의 관점'에서 출발하고 있는 마고신화는 하늘보다는 땅과 바다를 중시한다.

마고신화는 기독교 성경과는 달리 하늘에서 하나님의 천지창조로 시작하는 것이 아니라 지구의 땅인 '무Mu' 대륙 혹은 파미르고원으로 설정하고 있다. 또한 타락하기 전의 인류는 앞에서도 말하였듯이 땅에서 솟아오르는 젖이라고 할 수 있는 지유를 먹고 살았다. '지유'의 상징성에 대해서는 앞으로 얼마든지 확대해석의 여지가 있다.

마고가 소리의 여신이라는 점과 성경의 바벨탑 신화[2]를 연결하여 생각해보면 인류의 말들은 실은 '문자(기호)'와 '의미'로서는 서로 다르지만 소리의 근원(뿌리)을 따져 올라가면 서로 만난다는 것을 상상할 수 있다.

'바벨'이 히브리어로 '혼돈'을 뜻한다는 사실과 마고가 '혼돈의 여신', '소리의 여신'이라는 사실도 재미있다. 이는 오늘의 인류가 하나가 되기 위해서는 바벨탑을 쌓아올릴 것이 아니라 소리를 따라 올라가는 것이 해법임을 함의하고 있다.

성경에는 인간이 '하늘에 오르고자' 바벨탑을 쌓아올리자 하늘이 분노하여 서로 다른 말을 하게 하여 그로 인해서 소통이 단절되었다고 하는데 이는 마고신화에 의해서 해석해보면 말(문자)은 서로 다르지만 소리는 서로 통하게 하는 근본이라는 점을 유추할 수 있다.

소리의 예술이라고 할 수 있는 음악은 오늘날 국경을 넘어선 소통과 교감의 예술로 각광을 받고 있다. 여기에 또 춤이 더해지면 인류는 저절로 하나가 된다. 이것이 바로 축제의 요체이다. 마고

---

2. 바벨탑은 구약성경에 고대 바빌로니아 사람들이 건설했다는 전설상의 탑이다(창세기 11장). 바벨탑 이야기는 인류가 동일한 언어를 사용하는 것과 이에 따른 하나님과 인간 사이의 비극을 주제로 하고 있다. 바벨은 히브리어로 '혼돈'이란 뜻이라고 성경에 나타나 있다. 그러나 bab(문)와 el(신)의 합성어라는 견해도 있다.

가 소리의 여신이라는 점에서 볼 때 인류는 소리를 통해 도리어 한 가족, 하나였다는 사실을 확인할 수 있을지도 모른다.

여성에게는 따로 혈통이 없다. 그 까닭은 몸(신체)이 혈통이고, 몸이야말로 가장 진실하고 확실한 혈통이기 때문에 혈통을 주장하지 않았다. 과학적으로 따지면 실지로 여성의 혈통이 없는 것이 아니라 단지 문화적으로 주장하지 않았을 뿐이다. 모계사회, 모계의 혈통이라는 것은 부계사회, 부계혈통을 빗대어(투사하여) 본 것일 뿐이다. 그런 점에서 모계적 사고를 하면 혈통을 따지지 않아도 지구촌의 사람들이 모두 하나가 되는 셈이다. 지구대가족, 세계일화世界一花의 사상은 실은 모계적 사고, 모성중심적 사고에 의해 진정으로 달성될 수 있는 것이다. 그런 점에서 모계사회는 혈통주의보다는 미국이 채택하고 있는 속지주의屬地主義에 가깝다고 볼 수 있다.

부계적 혈통주의는 평화를 주장하고 세계가 하나라고 생각하지만, 그것은 어디까지나 한 사람, 혹은 한 나라가 다른 여러 나라를 지배하는 제국주의적 구조이기 때문에 결국 배타적 구조이다. 이는 결국 '닫힌 마음'의 산물이고, 위선적이라고 하지 않을 수 없다. 땅의 원리, 즉 속지주의는 도리어 모든 사람을 받아들이는 '열린 마음'의 자세를 갖는 것이다.

인간의 혈통을 천지부모의 관점에서 보면 '아버지-어머니'의 상생相生의 결과로 보는 것이 가장 공평하고 또한 진실이다. 이를 우주적으로 보면 아버지적 상징과 어머니적 상징이 상생한 것이다. 이를 두고 음양陰陽 상생이라고 말할 수 있다. 어느 한쪽에 경도되면 이는 이미 편견이다. 그런데 그동안 인류는 가부장-국가사회의 시스템에 의해서 아버지 쪽으로 경도되었던 것이 사실이다. 바로 이것을 바로잡기 위해서 불가피하게 '여성' 혹은 '어머니'를 강조하게 되는 것이다.

부계-가부장적 사고에 의해서 살아온 인류의 5천~6천여 년의 역사는 오늘에 이르러 급기야 핵무기의 개발과 환경오염과 자연의 황폐화에 이르고 있다. 이를 저지하지 않으면 인류는 지금 공멸의 위기에 직면해 있는 것이다. 그래서 인류의 어머니, 지구 어머니, 즉 '어머니'를 회복해야 한다는 소리가 지구 곳곳에서 일어나고 있다.

7장

여성시대와
가정교회

"세계기독교통일신령협회 간판을 없애 버리고 세계평화통일가정연합을 창립했습니다. 평화는 통일이 되어야 합니다. 그래서 세계평화통일가정연합입니다. 하나님의 핵심적인 사상이 정착하는 것입니다. 그리고 통일하려면 화합해야 됩니다. 평화는 수평이 되어서 화합을 해야 된다는 것입니다. 기독교의 교파 화합이 아니라 종단 화합입니다. 기독교가 한 패가 아니라 서로 싸우고, 그 다음에 불교와 유교가 싸우고 있습니다. 종단 화합, 국가 화합의 기준은 통일교회가 안착을 바라는 가정입니다. 그 세계의 평화통일가정이라는 것입니다. 나라와 나라, 교파나 종단의 싸움을 붙이려 다니는 것이 아니라 아무리 고생을 하더라도 하나 만들려고 합니다. 교파와 교파를 하나 되게 하는 것입니다. 그렇게 하나 되면 세계가 하나 되는 것입니다."

-『참父母經』, 1354쪽

마고신화에서 바라본
통일교-가정연합[1]

원리원본 ↔ 심정의 하나님(부계에서 모계로):

마고신화의 입장에서 통일교-가정연합을 바라보면 여러 가지 관점과 견해를 가질 수 있다. 무엇보다도 중요한 것은 원리원본과 심정의 하나님의 동시성과 상생성이다.

통일교의 시절에는 가정연합의 성격이 숨어 있었다면, 이제 가정연합의 시절에는 통일교의 성격이 숨어 있게 되는 것이다. 둘은 표층과 심층을 번갈아가면서 동시적으로 생생하고 있는 셈이다. 이는 우주적으로는 하늘과 땅이 사람 속에서 동시적으로 상생하고 있는 이치와 같다.

우리 몸에는 아버지의 것과 어머니의 것이 항상 공존하고 있다. 원리원본은 이성적으로 세계를 바라보는 논리이고, 심정의 하나님

---

1. 이 글은 『통일세계』(세계평화통일가정연합, 2015년 7월호, 528호) 70-75쪽에 게재된 것이다.

은 마음과 감정으로 세계를 교감하는 느낌이다. 세계는 항상 이성과 감정으로 나눌 수 있다. 이 둘을 한꺼번에 통일(통합)하려고 한 점에서 통일교는 기독교에 대한 새로운 해석이라고 할 수 있다.

이성과 심정의 동시성은 인류의 긴 역사로 볼 때 부계-가부장 사회에서 모계-모성사회로의 전환점에서 추축樞軸의 역할을 한다는 점에서 중요하다. 다시 말하면 세계가 돌아갈 수 있는 원리와 심정을 통일교-가정교회가 실질적으로 장악하여 운전을 하고 있다고 볼 수 있다.

우리가 살고 있는 세기는 마치 인류문명의 각종 경전과 성인들이 한꺼번에 태어난 기원전 5세기 이른바 추축시대樞軸時代를 방불케 하고 있다. 이를테면 2천5백 년 만에 돌아오는 매우 중요한 시기라고 말할 수 있다. 이것은 또한 5천 년 주기의 자연환경과 인류문명의 변화와도 맞물려 있다. 이를 기독교적으로는 6천 년 기독교사라고 말하고 있다.

이러한 중요한 추축시대에 가장 가부장적인 '유대-기독교적' 바탕 위에서 통일교가 가장 여성적인 '한민족-가정교회'로 역사적·세기적 전환을 하였다는 것에 주목하지 않을 수 없다. 이를 위해서 통일교는 '하나님 아버지'를 '천지인 참부모'로 대신하고, 또 그럼으로써 여성성을 하나님의 성품 이해에 다시 복권시켰다.

그렇다면 왜 한국 땅에서 '하나님 어머니'를 복권시키는 역사적 사건이 일어났을까를 생각하지 않을 수 없다. 바로 여기에 한국 땅이 가지고 있는 지구적인 의미가 내재해 있다. 세계에서 가장 여성적인 땅, 가장 아름다운 땅이 우리의 금수강산이고, 더욱이 여성신인 마고신화의 본고장이라는 점과 맥을 같이하게 된다.

한국 땅은 지구, 즉 지기地氣의 엑기스가 다 모여 있다. 그래서 한국의 인삼이 세계적 인삼이 될 수밖에 없었고, 한국의 농축산물은 다른 지역에서 나는 것과는 비교가 안 될 정도로 풍부한 맛과 영양분을 가지고 있다. 그리고 무엇보다도 하늘을 섬기는 '하나님(한울님)신앙'이 예부터 있어 왔다.

한국 땅은 역사적으로 세계 여러 제국들이 탐을 내는 땅이었다. 그러나 한 번도 완전히 자신들의 나라로 편입시키지 못했다. 왜냐하면 한국 땅은 하나님의 땅이기 때문이다. 지금도 그러한 상황은 변함이 없다. 세계열강이 한국의 주변에 다 포진하고 있는 것에서도 확인할 수 있다. 그래서 수난도 많았던 것이다. 이는 금수강산 미인을 차지하고 싶은 남성적 제국들의 욕망의 표출이었다고 볼 수 있다.

한국 땅은 그동안 외국으로부터 수많은 외침을 당함으로 인해 온갖 고생과 고초를 겪었지만 그 덕분에 세계에서 가장 좋은 유전자를 가지게 되었고, 그럼으로써 인류의 다음 세기를 주도할 최고의 인재들을 가지게 되었다는 점을 강조하지 않을 수 없다. 가장 많은 고초를 겪는 땅이 가장 높은 하늘에 올라가는 이치와 통한다.

이는 천지天/地 비否괘가 지천地/天 태泰괘로 전도되는 지구적인 변화가 한국 땅에서 구체적으로 실현되고 있음을 역사적으로 증명하는 것이다. 지금 하늘과 땅, 남녀가 뒤집어지고 있다. 남녀가 뒤집어지는 괘가 바로 원시종교의 본래 모습이다. 이것을 원시반본이라고 말하는 것이다. 이제 천리天理 대신에 지기地氣가 세계를 움직인다. 여성시대는 하늘(하나님)이 땅(여성성)에 있는 시절이다.

통일교-가정연합은 바로 이러한 하늘과 땅의 전환점에, 그것도 한국 땅에서 일어난 종교이다. 기독교를 바탕으로 하면서도 모든 종교를 초월하고 극복하는 초종교·초교파를 지향하는 종교인 것은 바로 우주섭리적 사건의 지위(맥락)에 있음을 말하는 것이다. 통일교-가정연합 현상은 원시반본적, 복귀섭리적 환원인 셈이다.

우주가 아무리 넓다고 하지만 결국 자신의 몸으로 통하고, 세계가 아무리 넓다지만 결국 가정으로 돌아가지 않을 수 없다. 몸으로 세계가 하나인 '하나님'을 느끼고, 또한 참가정을 이루면서 살아가야 인간은 온전히 살아갈 수 있는 것이다. 이것이 미래의 인간조건이다.

이는 세계종교사로 볼 때는 인류 최고의 경전인 천부경天符經의 복본이라고 말할 수 있다. 천부경은 마고신화로 볼 때는 한민족이 고대의 이상향인 '부도符都'를 이루면서 살 때 사람들이 믿고 따르던 경전이었다. '부도'는 단군신화의 신시神市 이전의 이상향이다. 그런 점에서 천부경은 미래 종교의 소의경전所依經傳의 하나가 될 것이다.

혈통복원 ↔ 초종교초교파:
통일교는 기독교사적으로 볼 때 아담혈통복원을 이룸으로써, 다시 말하면 성약시대成約時代를 맞음으로써 역설적으로 이제 혈통을 따지지 않아도 되는 시대를 열었다고 볼 수 있다. 혈통복원은 초종교·초교파운동과 동시에 일어남으로써 그 목적을 다했다. 인류는 이제 하나의 혈통이고, 하나의 가족이다.

말하자면 혈통은 이제 완성되었기 때문에 그 소임을 다했다. 혈통을 계속 따진다면 특정 종교와 교파를 계속 유지하는 것과 다를 바가 없게 된다. 통일교가 초종교·초교파 운동을 함께 전개했던 것은 바로 종파적 종교를 떠나기 위한 사전조치였다. 말하자면 통일교는 종래의 관점에서 보면 종교 아닌 종교인 셈이다.

가정연합은 어떤 점에서는 자신의 종교를 주장하지 않는 종교이고, 그렇기 때문에 얼마든지 다른 종교와의 화해와 연합이 가능한 종교이다. 가정이야말로 자신自身의 몸 다음으로 자신을 보호하고 둘러싸고 있는 몸이다. 사회적 동물인 인간이 가장 최소한으로 유지할 수 있는 사회가 가정이다(이는 가정이 사회의 기본단위임을 말한다). 따라서 가정연합은 가장 기초적인 형태의 종교의 모습이다. 다시 말하면 가정을 주장함으로써 가정 밖에서 다른 큰 규모의 종교를 추구하지 않아도 되는 종교이다. 우리 몸이 하나님의 성전이듯이 하나님이 우리 가정에 있는 것이다.

천부경에 '인중천지일人中天地一'이라는 구절이 있다. 이 구절의 뜻은 '사람 가운데서 천지가 하나가 된다.'는 뜻이다. 그런 점에서 가정연합은 "가정 가운데서 천지가 하나"가 되는 '가중천지일家中天地一'을 가르치는 곳이다. 물론 가정연합은 인류의 타락원죄→ 여성해방→ 사탄해방→ 사물해방→전인구원으로 이어지는 연속선상에서 실천되고, 실현되는 곳임은 말할 것도 없다.

절대유일신을 섬기는 기독교가 절대사랑을 필요로 하는 이유는 절대의 절대는 상대이기 때문이다. 절대는 필연적으로 상대를 요구하지 않을 수 없다. 절대는 상대가 없으면 결코 존재할 수 없다. 절대가 상대를 요구하는 방식이 사랑이다. 사랑의 원리로 보면 하나님은 누구를 사랑하지 않고는 결코 존재할 수 없는 존재라는 말이다. 절대-상대, 남자(아담)-여자(이브), 천사-사탄, 인간-사물은 절대유일신이나 절대사랑의 법칙과 같이 상대가 없으면 결코 존재할 수 없는 존재이다. 그래서 결국 상대를 용인하지 않을 수 없다. 결국 상대를 사랑하고 해방시키지 않을 수 없다.

따라서 여성해방, 사탄해방, 사물해방은 역사적으로는 시간을 거치면서 해결되는 문제이지만 논리적으로는 기독교의 절대유일신의 논리 속에서 이 같은 해방은 약속된 것이나 마찬가지이다. 그래서 역사적인 해방의 조건으로 탕감복귀 및 책임분담의 원리가 뒤따르는 것이었다. 유대·기독교문명의 세례를 받은 서구문명은 그래서 개인의 자유와 평등과 사랑을 이상과 목표로 설정하고 삶을 이끌어온 것이다.

서구문명은 물론 인류가 개발한 가부장-국가사회의 전형적인 형태로서 역사적인 완성과 함께 이제 해체의 주기를 맞은 것이다. 이는 지구촌이 이미 하나가 되었기 때문이다. 이제 지구촌은 하나의 마을공동체처럼 살아가게 되고, 당연히 여기에는 심정적 교감을 중심으로 살아가지 않을 수 없게 된 것이다. 완성된 가정, 지구촌에서는 어머니가 중심이다. 마고는 그 중심에 있다.

여성중심-어머니 중심-마고 중심이야말로 실질적으로 종교·종파를 따지지 않을 수 있는 종교가 지구상에 존재할 수 있는 근거이고, 바로 종교·종파를 따지지 않기 때문에 진정한 평화의 종교로 거듭날 수 있는 논리성과 당위성을 확보하게 된다.

지구촌의 평화는 이제 삶의 목적일 뿐만 아니라 그것을 달성하지 못하면 결국 인류의 공멸을 초래한다는 점에서 당위적 과제이다. 이는 달성해도 되고, 안 해도 되는 것이 아니라 필연적으로 달성해야만 하는 필요이다. 그러한 점에서 가정교회는 평화와 사랑과 모성적인 네트워크에 의해 운영되는 미래사회에 가장 적합한 교회의 형태이면서 모성적 교회의 형태이다.

인류의 미래는 명목상으로는 가부장사회, 즉 아버지의 성씨를 따르는 가족 형태를 취하지만, 내용상(실질적)으로는 어머니를 중심으로 살아가는 모중심 가족형태, 여성중심 가족형태가 될 것이다. 말하자면 모계사회가 출계(혈통)를 회복하는 것은 아니지만 생활은 그렇게 하는 셈이다.

'모계사회→ 부계사회→ 모중심사회':

지금까지의 이야기를 정리하면 '하나님 아버지 → 천지인 참부모', '모계사회→ 부계사회→ 모중심사회'로 요약할 수 있다. 그렇다면 여성시대에는 종교는 어떤 역할을 하여야 하는가. 바로 여성성을 모든 생활에서 회복하도록 도와주는 역할을 하여야 한다. 그게 참어머니의 정신이다. 오늘날 우리는 왜 소통과 공감 그리고 감성과 문화가 화두로 떠오르는가를 여성성과 관련하여 잘 새겨야 할 것이다.

천일국과 가정연합은 마치 원심력과 구심력에 해당한다. 원심력과 구심력은 하나가 되어야 세계가 제대로 궤도를 따라 움직이는 것이다. 지상에 내려온 '대지의 신'은 대지의 법칙에 따라 몸을 가져야 하며, 몸이야말로 하나님의 진정한 실체인 것이다. 그 '몸=실체'가 가장 잘 구현된 것이 '몸의 상속자'인 여성인 것이다.

참어머니의 정신이 매우 어려운 것 같지만 실은 자신의 몸에서 생명을 키우기 위해 나오는 '젖을 물리는 어머니상', '평화의 어머니상'을 떠올리면 된다. 우리는 대개 아버지를 생각하면 '명령하는 아버지', '지시하는 아버지'를 떠올린다.

인류의 고등종교, 예컨대 기독교는 마리아상을, 불교는 보살상을 가지고 있다. 물론 마리아상은 예수에 의해 가려져 있고, 보살상은 부처에 의해 가려져 있지만 이제 그 음지에 가려져 있던 상을 양지로 끌어내어야 한다. 이것이야말로 마고신화의 부활이고 복권이다. 그런 점에서 '참어머니'의 정신은 마고정신의 실천이라고도 할 수 있다.

마고정신을 다른 말로 표현하면, 태초의 소리, 그것은 자연의 마음이고, 만물의 마음이고, '어머니의 마음'이다. 이것을 '아버지의 말'로 바꾼 것이 가부장사회이고, 가부장사회의 종교이다. 이것을 다시 어머니의 심정으로 바꾸는(복권시키는) 것이 마고정신의 부활이다. 이 과정을 '音(소리)→ 言(로고스)→ 音(소리)'의 순환이라고 말할 수 있다.

어머니는 자식이 말하기 전에 이미 가슴으로 소리를 듣는다. 자식이 무엇을 원하는지, 배가 고픈지, 몸이 아픈지, 아니면 다른 문제가 있는지를 몸으로 느낀다. 바로 세상의 소리를 들을 줄 아는 것이 어머니의 마음이다.

불의 종교시대에서
물의 종교시대로

동양의 음양오행론은 우주를 순환의 원리로 보는 철학사상체계에 속한다. 음양오행론에 따라 우주를 생명이 탄생한 기점에서 해석하면, 물水에서 시작하여 물을 극복하고 전개되는 토土의 시대, 이어서 토를 극복하는 목木의 시대, 목을 극복하는 금金의 시대, 금을 극복하는 화火의 시대로 전개되었다.

지금은 다시 화를 극복하는 수水, 즉 물의 시대로 다시 접어들었다는 것이 음양오행론의 해석이다. 물의 시대를 상징하는 여러 가지 징후가 있는데 그중에서도 역사와 사회의 전면에 여성의 등장이 두드러진다. 이는 또한 물리학적으로 블랙홀Blackhole 신드롬과 함께하고 있다. 그동안 빛이 강조되다가 우주의 보다 많은 부분이 어둠이라는 사실이 밝혀지고 있는 것이다. 물리학적으로 세계의 근본에 대해 입자설보다는 파동설이 더욱 유력해지고 있는 실정이다. 파동은 또한 소리로 상징된다.

불-빛은 남성성을 상징하고 물-소리는 여성성을 상징한다. 남성중심의 종교시대는 흔히 '불(빛)의 종교'시대라고 말한다. 불의 종교시대는 '불의 이미지(상징)'가 세계를 지배하던 시대를 말한다. 불火의 이미지는 '위로 치솟아 오르면서' 어딘가 인위적인 분위기를 풍긴다. 불은 남성적 권력과 문명을 나타내기도 하지만 동시에 전쟁을 나타내기도 한다. 불은 에너지 사용량의 증가를 나타내기도 한다.

오늘날 인류는 에너지를 너무 과다하게 사용하고 있다. 수력의 시대에서 화력의 시대로, 드디어 원자력의 시대에 들어와 있다. 원자력의 시대는 인간으로서는 피할 수 없는 환경재해를 안고 살고 있다고 해도 과언이 아니다. 체르노빌 원전사고나 후쿠시마 원전사고는 남의 일이 아니다. 불은 최종적으로 자연환경을 태우는 것을 말하기도 한다. '불=문명=아버지=남성'은 같은 이미지를 가지고 있다.

인간은 자연환경을 필요 이상으로 태움으로써 자연으로부터 보복성 재앙을 받고 있다. 미래 인류의 삶은 바로 자연을 어떻게 회복하고 유지하느냐에 달려있다고 해도 과언이 아니다. 종교도 인간의 생존과 관련이 있는 제도이고 보면 자연환경을 되살리는 데에 앞장서지 않을 수 없다.

자연환경을 되살리는 것이 바로 '어머니의 마음'이다. 왜냐하면 자연은 바로 어머니 자체이기 때문이다. 인간은 자연이라는 어머니 품에서 살고 있다고 해도 과언이 아니다.

남성중심의 종교시대를 불의 종교시대라고 말한다면 여성중심의 종교시대는 '물(소리)의 종교시대'라고 말할 수 있다. 물의 종교시대는 '물의 이미지(상징)'를 떠올리면 된다. 물水의 이미지는 항상 위에서 아래로 흘러내리기 때문에 세상에서 '가장 낮은 데로 흐르는' 겸손한 것이다. 그래서 우리는 자연 본래의 것을 상징할 때 물을 떠올린다.

　물은 낮은 데로 임하는 것이면서도 동시에 생명을 나타내는 것이다. 물이 없으면 생명이 존재할 수가 없다. 그래서 탈레스는 우주의 근본을 물이라고 말했을 정도이다. 노자는 또 물을 두고 '상선약수上善若水', 즉 '가장 좋은 것은 물과 같은 것이다.'라고 말하였다. 물은 또한 부드럽기 그지없다. 어떤 물체를 만나더라도 잘 화해하면서 나아간다. 이는 여성의 마음이다. '물=자연=어머니=여성'은 같은 이미지를 가지고 있다.

　세계는 이제 불의 종교시대에서 물의 종교시대로 나아간다. 이는 남자의 종교시대에서 여자의 종교시대로 나아감이요, 일으킴의 종교시대에서 돌아감의 종교시대를 말한다. 돌아감의 종교시대는 몸(마음)의 종교시대를 말함이요, 몸의 종교시대는 절대의 종교시대가 아니라 상대의 종교시대를 말함이요, 자연과학의 시대가 아니라 자연의 시대를 말함이다.

　자연과학의 시대는 '기계와 에너지의 시대'를 말함이요, 자연의 시대를 말함은 에너지의 시대가 아니라 '생명과 기氣의 시대'를 말함이다. '생명과 기의 시대'는 인간이 다시 자연으로 돌아가서 자연과 더불어 사는 시대를 말한다.

물의 종교시대는 나아가서는 '공기空氣의 종교시대'를 말한다. 여기서 '공기'라는 말은 단순히 대기大氣의 의미로 쓰이는 것은 아니다. 말하자면 '공空의 기氣'시대를 말함이다. 그렇지만 물리적으로도 물의 종교시대, 공기의 종교시대는 물과 공기가 귀한 시대를 말한다. 물의 종교시대, 공기의 종교시대는 마지막에 소리의 종교시대로 돌아간다. 소리는 우주의 근본이다. 우주는 파동이고 파동은 근본적으로 소리이다. 소리는 음악으로 감동받고 동시에 다스려지는 시대를 말한다. 소리의 종교는 원리의 종교보다는 심정의 종교를 말한다. 지금껏 종교가 원리의 종교였으나 심정의 종교로 나아감을 말한다. 소리(자연, 원시종교)에서 로고스(고등종교)로 나아간 종교는 이제 다시 로고스에서 소리로, 소리에서 심정(자연)으로 돌아온다.

문선명 총재는 겉으로는 신체와 골격도 우람하고 남성적이었고, 제자들을 이끌 때도 카리스마를 발휘했지만, 속으로는 가장 여성적이었으며, 눈물이 많았으며, 여성성의 이해에 가장 지극한 경지에 도달했던 인물이며, 그래서 '심정의 하나님'을 깨닫게 되었다고 볼 수 있다.

물의 종교 시대의 종합적 이미지는 이렇게 말할 수 있다. 서양 기독교의 '불火과 선악善惡'의 종교에서 동양 도교의 상선약수의 '물水과 선악仙樂'의 종교로 나아감이다. 선악仙樂의 삶은 한마디로 신선의 삶이고, 기뻐하는 삶이고, 즐기는 삶이고, 욕심 없는 삶이다. 욕심이 없으니 하늘에서 들려오는 열락의 음악을 들을 수 있다. 물의 시대는 여성의 시대이고, 여성의 시대는 한국의 시대이다. 물의 시대는 양음의 시대가 아니라 음양의 시대이다. 음양이 제자리로 돌아가는 정음정양正陰正陽의 시대이다.

진정한 진리는 여성의 진리이다. 남성의 진리는 머리에서 아이(개념)를 낳지만, 여성의 진리는 몸에서 아이(생명)를 낳는다. 진정한 진리는 남성의 권력이 아니라 여성의 사랑이다. 진정한 진리는 권력의 진리가 아니라 존재의 진리이다. 존재의 진리만이 살아있다. 존재의 진리는 이理, 理致가 아니라 기氣, 氣運生動이다.

마고, 여성성
그리고 가정교회

　문선명 총재는 겉으로는 남성적 강력强力함과 권위權威를 지녔지만 속으로는 여성적이었고, 심정적이었다. 반대로 한학자 총재는 겉으로는 한국적 미인형으로 여성이지만, 속으로는 강건剛健함과 정절貞節을 지닌 인물이다. 강건함과 정절은 속으로 강한 성품으로, 겉으로 강한 남성성보다 훨씬 더 강한 여성성일 수 있다. 여성으로서 지도자가 되려면 속에 이런 여성적 남성성을 지니지 않으면 안 된다.

　마고Mother Mago는 스스로 하나님이 된 신이다. 이때 신이라는 의미는 남성 신에 대칭되는 여성 신, 즉 여신goddess이라는 의미가 아니라 신the God이라는 의미의 '하나님 마고' '마고 하나님'the God Mago이라는 의미이다. 마고여신은 부계적 사고의 독생자보다 그 이전에 모계적 사고의 독생녀로서 '깨달은 자'를 의미한다. 깨달음은 절대이다.

생명은 반드시 음양의 원리에 의해 탄생하지만, 육신을 초월한 제2의 탄생이라고 말할 수 있는 영혼의 깨달음은 혼자서 달성하는 것이기에 '독생獨生'이라고 말하는 것이다. 불교에서 말하는 유아독존唯我獨尊의 독존獨尊과 기독교에서 말하는 독생자獨生子의 독생獨生은 같은 뜻이다.

인간은 누구나 홀로 다시 태어나야 한다. 이것이 독생자獨生子의 뜻이다. 독생자의 자子자가 '아들 자'자라고 해서 남자(아들)만이 독생자가 되는 것은 아니다. 독생자는 남자도 될 수 있고, 여자도 될 수 있다. '독생'이란 홀로 깨달음으로써 다시 태어났다는 뜻이다. 불교에서는 이를 독각獨覺이라고 한다. 독생자야말로 결과적 신을 의미한다. 결과적 신이란 지금 창조하는(생성되는) 신과 같다. 지금 창조하는 신이란 책 속에 있는 신이 아니라 살아있는 신을 말한다.

독생은 천부삼경天符三經의 의미에서 보면 성통공완性通功完과 같은 뜻이다. 특히 『삼일신고三一神誥』「神訓」편에 나오는 "성기원도聲氣願禱면 절친견絶親見이니 자성구자自性求子면 강재이뇌降在爾腦니라."(소리 내어 기도하면 반드시 하나님을 보게 되니 자신의 본성으로 자식 됨을 구하면 네 머리에 강림하게 된다)의 뜻을 헤아려보면 이해할 수 있다.

지천地天시대는 특히 '화신化身'의 의미가 중요해진다. '화신'이란 몸을 입거나 몸을 변신하는 것을 의미하는데 '문화文化'와는 반대개념이다. 말하자면 '문화'란 신身(몸)의 세계가 문文(무늬, 기호)의 세계로 변하는 것을 의미한다면 화신은 문의 세계가 다시 몸을 입는 것을 의미한다. 여성은 남성보다는 세계를 몸으로 느끼는 존재이다. 심정으로 통하는 세계야말로 진정한 세계의 모습이다.

인류는 이제 가부장적 사고에서 모성적 사고로의 전환을 요구한다. 남성성과 여성성은 골고루 분포하고 있는 까닭에 여성적 남성四象의 少陽, 혹은 남성적 여성四象의 少陰은 미래 여성시대를 이끌어 갈 주역이 된다. 말하자면 여장부의 시대가 된 셈이다.

그렇다면 한국이 왜 후천개벽시대, 여성시대의 중심국가가 되는 것인가. 산이 어머니 젖가슴처럼 둘러쳐져 있는 한국의 산천은 국토 자체가 어머니 품과 같은 곳이다. 그래서 한국은 으레 배산임수背山臨水를 마을의 풍경으로 한다. 이곳에서 대대로 살아온 한국인은 그 산천을 닮아 모성母性과 정情의 민족이 될 수밖에 없었다. 그래서 평화를 사랑할 수밖에 없는 민족이다.

한국인은 한마디로 살아있는, 현존하는 '마고의 후예'인 것이다. 한국처럼 산과 내와 강물이 함께 어우러져 사람들이 사는 마을을 형성한 곳은 세계적으로 드물다. 이런 곳에서 거대한 권력과 지배를 자랑하는 국가나 제국은 낯설다. 그래서 한국은 역사적으로 단 한 번의 침략도 하지 않았고, 침략해오는 외세와 제국에 저항해 왔다. 그저 마을에 옹기종기 모여서 다정스럽게 살아가는 마을공동체가 제격이다.

단군할아버지가 한민족의 조상신에서 고등종교의 보편적인 신으로 승격되지 못한 이유도 여기에 있다. 단군할아버지는 한국인의 신神의 표상(시니피앙)일 뿐 그 속에 은적되어 있는 실질적인 의미(시니피에)의 신은 삼신할머니, 마고할머니인 것이다.

가부장제 사회에서는 아버지와 아들의 연결이 중요하다. 그것은 또한 권력지향적인 종교의 모습, 혹은 종교의 권력적인 모습이다. 아버지-아들의 패러다임이 기독교에서는 성부와 성자의 형태로 변형된다. 그렇다면 인간의 문화현상을 아버지-아들의 패러다임으로 보아야만 하는가. 그렇지는 않다.

본래 성씨姓氏를 말할 때의 '성씨'는 여성의 것이다. 이것은 모계사회의 흔적을 말하고 있는데 부계사회로 전환하면서 남성의 것으로 그냥 그대로 사용하고 있는 것이다. '성씨'라는 한자에 계집 녀女: 姓자가 들어가 있는 이유이다. 본래 부모-자녀의 패러다임을 아버지-아들 패러다임으로 가져갔듯이 그 반대로 어머니-딸의 패러다임으로 가져가지 못할 것은 없다. 아버지-아들의 패러다임은 전쟁을 수행하기에 적합하였지만, 어머니-딸의 패러다임은 평화의 시대에 걸맞은 방식이다. 옛날 모계사회에서 부계사회로 전향할 때 아들이나 사위가 혈통을 계승하였듯이 반대로 부계사회에서 모계사회로 전환하는 오늘날은 딸이나 며느리가 계승하면 되는 것이다. 딸이나 며느리가 후계자가 되지 못할 것은 없다.

그러나 이런 조건들은 무엇보다도 신체적인 · 혈통적인 조건들이 아니라 상징적인 · 심성적인 조건들이라는 점에 유의할 필요가 있다. 누가 후계자가 되든, 남자가 되든, 여자가 되든 '여성성'과 '평화의 마음'을 진정으로 느끼는 인물이 계승하면 그만이다. 이제 아담의 혈통은 완성되었기 때문이다. 다시 말하면 여성해방, 사탄해방, 사물해방과 더불어 혈통과 성은 종래의 의미와는 달라진다.

신체적으로 누가 여성인가가 중요한 것이 아니고, 누가 자신의 몸을 인류를 위해 희생할 수 있는 부덕婦德을 가지고 있는가, 누가 가장 큰 여성성을 가지고 있느냐가 관건이다. 누가 자신의 몸에서 나오는 지유地乳를 만백성에게 먹일 수 있는 품성을 가졌느냐가 계승의 관건이다. 울고 있는 인류에게 누가 사랑의 젖을 줄 것인가!

본래 종교는 자신의 몸을 희생犧牲함으로 이루어지고 성장한 것이었다. 따라서 더욱 더 자신의 몸을 희생할 수 있는 자가 미래 종교의 주인이다. 그래서 미래를 신정일치神政一致의 시대라고 말하는 것이다. 신정일치 시대는 종교와 도덕, 과학과 예술이 하나가 되어 움직이는 시대이다.

정치와 종교가 하나인 신정일치 속에 마음과 몸이 하나인 심물일체心物一體, 신과 몸이 하나인 신물일체神物一體가 포함되어 있다. 마음이 본래 몸이고, 몸이 본래 신이다. 신이 따로 있는 것이 아니다. 한국인은 그 몸의 신과 더불어 살아온 민족이다.

그러니 한국은 그 공덕으로 성통완공性通完功하여 한국에서 세계의 미래를 이끌어갈 인물이 우후죽순처럼 나오게 된 것이다. 대한민국이 인류를 이끌어가게 되는 것은 천지의 이치이다. 지구는 대한민국을 머리(북쪽)로 해서 좌우로 날개를 펼치고 있는 '두익頭翼의 형국'이다.

천지의 일(事)은
한 가정의 가사(家事)

그렇다면 가정교회가 이끌어가는 신정일치의 세계의 모습은 어떤 것일까. 매우 복잡할 것 같지만 실은 간단하다. 천지의 일은 한 가정의 가사와 같은 것이다. 천하의 사람들은 한 집안의 친척처럼 보일 것이다. 다음은 왕양명이 설명한 '성인 공동체'의 모습이다.

"이 시절의 천하 사람들은 즐겁고 만족스러워서 서로를 한 집안의 친척처럼 보았습니다. 재질이 낮은 사람은 곧 농업, 공업, 상업 등의 직분을 편안히 여기며 각자 자신의 직책에서 부지런히 임하여 서로 살리고 서로 부양해 주었을 뿐 높은 지위를 바라거나 이 밖의 다른 일에 마음을 갖지 않았습니다. 한편 재능이 남다른 문사철에 뛰어난 사람들은 각자 자신들의 능력을 발휘했습니다. 이들은 마치 한 집안의 일을 하는 듯했는데, 어떤 이는 입는 것과 마시는 것을 경영했고, 어떤 이는 가지고 있는 물자들을 유통시켰으며, 또 어떤 이는 쓸 만한 기기를 갖추었는데, 생각을 모으고 힘을 합하여 위로는 부모를 섬기고 아래로는 자녀를 양육하겠다는 소원을 갈구하였습니다. 그리하여 그 일을 맡은 사람들은 혹시라도 태만하거나 자기만을 중시하는 허물이 생길까 두려워하였습니다. 농사일을 맡은 사람은 농사일을 부지런히 하였을 뿐, 자기가 교육 일을 알지 못하는 것을 부끄러워하지 않았으며, 남이 교육을 잘하는 것을 곧 자기가 교육을 잘하는 것처럼 여겼습니다. 음악을 맡은 사람은 음악을 주관하였을 뿐 자기가 예에 밝지 못한 것은 부끄러워하지 않았으며, 예에 능통한 사람이 예에 능통한 것을 자기가 예에 능통한 것처럼 여겼습니다. 대개 그 마음은 순수함과 명백함을 배워 만물 일체의 어짊을 온전히 가질 수 있었기 때문에 그 정신精神과 지기志氣가 흐르고 서로 통하여 자신과 타인을 구분하거나 나와 사물 사이의 차별이 있지 않았습니다. 한 사람의 몸에 비유하자면 눈을 보고 귀는 듣고 손은 쥐고 발은 걸어가서 한 몸의 작용을 구제하는 것과 같습니다. 눈은 자기가 듣지 못하는 것을 부끄러이 여기지 않고 귀가 소리들에 닿을 때 반드시 눈은 그것을 살펴보며, 발은 쥐지 못하는 것을 부끄러이 여기지 않고 손이 찾는 일을 할 때 반드시 발은 그 앞으로 데리고 가 줍니다. 그 원기元氣가 충실하고 두루 통하며 혈액이 잘 퍼져 나가니 이런 까닭에 가려움과 아픔 그리고 호흡 및 감촉하는 것마다 귀신같이 응하여 말하지 않아도 서로 깨닫는 기묘함이 있었던 것입니다. 이것이 곧 성인의 학문이 지극히 쉽고 지극히 간단해서 알기 쉽고 따르기 쉬운 까닭입니다. 학문이 배우기 쉽고 재능을 이룩하기 쉽다는 것은 이처럼 큰 단서가 오직 누구나 똑같이 가지고 있는 마음의 본체를 회복하는 데 있다는 말입니다. 지식이나 기술적 능력 같은 것은 함께 논할 게 못됩니다."[2]

천하는 하나의 가정에 불과하다. 국가도 하나의 가정이며 그래서 국가國家의 가家이며, 세계도 큰 가정일 뿐으로 그래서 세계일가世界一家의 가家일 뿐이다.

2. 왕양명, 『낭송 전습록』, 문성환 풀어 엮음, 북드라망, 2014, 180-181쪽.

8장

성경 속의
여성성

"참사랑과 참생명의 씨를 가진 아담을 잃은 하나님은 사탄의 참
소조건이 없는 새로운 씨를 가진 아들을 찾아 세워야 합니다. 하
나님이 인간을 창조할 때 아담을 먼저 지었듯이 재창조섭리인 복
귀섭리도 타락과 무관한 아들을 먼저 세워야 하는 것입니다. 이
것이 메시아사상의 근본입니다. 메시아는 사탄의 관장하에 있는
타락한 혈통을 지닌 사람들의 생명을 부정하고 새로운 생명의 씨
를 접붙여 주기 위해서 오시는 참사람입니다. 뿌리는 하나님에게
두었지만 후아담으로 와서 아담으로 인해 저질러진 것을 청산지
어야 하는 것이 메시아의 사명입니다. 하나님께서 능력만으로 역
사할 초인을 메시아로 보낼 수 없는 사정이 여기에 있다는 것입
니다. 이 땅에 하나님의 사랑과 생명의 씨를 갖고 태어날 아들을
위하여 먼저 어머니가 있어야 합니다. 어머니가 아들을 낳더라도
그냥 그대로 낳을 수 없는 것입니다. 반드시 복귀의 공식을 통해
서 낳아야 되는 것입니다. 복귀섭리 속에 나타난 모자협조는 모
두 하늘의 아들이 사탄의 참소를 벗어나 새로운 생명의 씨를 지
니고 착지하기 위한 준비요 조건인 것입니다."

– '구원섭리사의 원리관', 『平和經』, 119쪽

성경 속의
여성성 [1]

   기독교 성경은 모두 66권이다. 마지막 66권째가 바로 인류의 종말과 천국을 예언한 요한계시록이다. 그러한 점에서 요한계시록은 신비스럽기도 하지만 성경의 결말이라는 점에서 매우 중요하다. 그렇지만 성경 중에서도 가장 해석이 분분한 것이 또한 요한계시록이다. 요한계시록은 모두 22장 21절로 끝이 난다. 그런데 요한계시록 중 22장 마지막 장에서 17절은 매우 중요하게 다루어진다.

> "성령과 신부가 말씀하시기를 오라 하시는도다. 듣는 자도
> 오라 할 것이요, 목마른 자도 올 것이요, 또 원하는 자는 값
> 없이 생명수를 받으라 하시더라."(요한 계시록, 22장 17절)

---

1. 이 글은 『통일세계』(세계평화통일가정연합, 2015년 6월호, 529호) 78-83쪽에 「가정연합은 선진한국의 궤도」라는 제목으로 게재된 것이다.

여기서 성령은 흔히 여성으로 해석되고, 신부는 통상 교회가 된다. 기독교의 토마스 아퀴나스의 교부철학, 즉 토미즘에 따르면 성부와 성자와 성령(성신)은 삼위일체이다. 성부는 하늘에 있는 하나님 아버지이니, 물론 지고한 유일절대신인 남성이다. 성자도 물론 지상에 있는 남성이다. 그런데 지상에 육신을 가진 남성은 하늘에 있는 '눈에 보이지 않는' 성상性狀, 性相의 하나님과는 다른, 지상에서 땅의 성질을 부여받은 '눈에 보이는' 형상形相을 가진 남성이다.

성부와 성자의 사이에서 매개역할을 하는 신격이 바로 성령이다. 말하자면 성령은 '눈에 보이지 않는 세계'와 '눈에 보이는 세계'를 연결해주는 중간체인 셈이다. 그런 점에서 성령은 하나님 아버지에 비해서는 땅에 가까운 신격이기 때문에 여성성을 가졌다고 보는 것이다. 물론 성자는 육신을 가졌기 때문에 땅의 성질, 즉 여성성을 떠나서는 말할 수 없다.

결국 삼위일체로 볼 때도 성령과 성자는 결국 땅, 즉 여성성과 관련되는 신격이다. '땅=여성'과 관련되는 것은 타락이나 세속적인 것으로 그동안 죄악시되거나 폄하되어 왔지만 종말에는 그것이 함께 성화되지 않으면 안 되는 것이다. 이들이 구원되지 않으면 구속救贖사업은 결국 실패로 돌아가기 때문이다.

"17절에서의 '성령과 신부'를 이해하기 위해서는 먼저 지금까지 우리들이 알고 있는 삼위일체(삼위일체) 하나님에 대하여 살펴보고자 한다. 역사상 가장 중요한 기독교 공의회였던 니케야(325년) 공의회와 칼케톤(451년) 공의회에서 주님

은 참하나님이시며 참사람이심을 명백히 선언하여 아리우
스파와 같은 이단들의 오류에 낙인을 찍었다. 즉 두 공의회
를 통하여 하나님은 삼위(삼위)로 계신다는 것을 명확히 선
언했는데 삼위는 아버지 하나님(성부), 아들 하나님(성자), 성
령(사 32: 15; 과거에는 성신이라고 함) 하나님으로 계신다."[2]

"그런데 일반적으로 성령은 교회 안에서와 선지자들의 마
음속에서 역사하시는 영이시며 신부는 장차 어린 양의 아
내가 될 교회라고 못을 박고 있다(엡 5: 23)"[3]

앞에서도 말했지만 교회는 통상 신부의 위치에 선다. 왜냐하면
지상의 교회는 천상의 하나님 아버지라는 절대적 남성의 여성적
위치에 서기 때문이다. 이를 하늘과 땅의 결혼에 비하여 '어린양
혼인잔치'라고 한다.

하늘과 땅의 결혼, '어린양 혼인잔치'는 동양의 전통 음양론으로
보면 천지음양교합天地陰陽交合을 말한다. 그런데 음양의 교합은 교
합을 이루는 그 무엇이 있어야 가능한 것이다. 그래서 동양에서는
음양을 음기陰氣와 양기陽氣의 교합으로 본다. 말하자면 기운氣運이
라는 것을 개입시킨다. 기운은 말하자면 기독교의 성령과 같은 위
치에 선다. '성령=기운'은 동서양문명의 통합적 해석에도 유용하다.

---

2. 정시구, 『요한 계시록의 놀라운 비밀』, 국학자료원, 2013, 365쪽.
3. 정시구, 『요한 계시록의 놀라운 비밀』, 국학자료원, 2013, 366쪽.

한편 불교에서는 기독교의 삼위일체에 해당하는 것으로 삼신론三身論이 있다. 법신法身과 보신補身과 응신應身, 色身이 그것이다. 기독교의 삼위일체는 불교의 영향을 받았을지도 모른다. 왜냐하면 불교가 기독교보다 먼저 발생한 종교이기 때문이기도 하지만, 대승불교는 중세에 서양에 영향을 미쳤을 확률이 높기 때문이다. 중세까지만 해도 동양이 서양에게 선진문화를 전수해주는 시혜자의 입장에 있었기 때문이다. 중세에 서양에서는 기독교가 성행하였지만, 동양에서는 불교가 성행하였다. 서양은 근대에서 동양을 앞섰을 뿐이다. 더욱이 예수라는 인물은 청년시절(성경에서 증발한 시기)에 인도를 여행한 정황이나 흔적이 많다.

法身	聖父	天
補身	聖靈	天-地(陰陽氣)
應身(色身)	聖子	人(地)

하늘을 섬기는 신앙은 인류문화의 일반적이고 보편적인 현상인데 인간이 하늘을 섬긴다는 것은 인간이 땅에 속하는 존재이기 때문이라는 점은 흔히 간과된다. 인간은 땅의 존재이기 때문에 하늘을 섬긴다. 인간에 이르러 하늘과 땅은 서로 교감하고 매개하고 반사하는 관계가 된다.

하늘신앙은 땅신앙과 더불어 있지 않으면 안 된다. 땅신앙은 또한 인간신앙과 더불어 있지 않으면 안 된다. 그래서 천지인 신앙이 형성되는데 이러한 삼재사상은 서로 투사되어 부처의 경우에 법신 · 응신 · 보신의 삼신불三身佛로, 기독교의 경우에 성부 · 성자 ·

성령의 삼위일체三位一體로 나타난다고 문명사적으로 해석해 볼 수
있다.

통일교-가정연합의
여성성

통일교-가정연합의 여성성은 이미 여러 번 말하였다. 무엇보다
도 여성을 천지인 참부모의 반열에 올려놓은 행위는 여성성에 대
한 깊은 이해가 없이는 불가능하다. 이것이야말로 기독교의 혁명
중에서 가장 큰 혁명이다.

두 번째로 거론할 수 있는 것은 통일교(세계기독교통일신령협회)의
교명을 가정연합(세계평화통일가정연합)으로 바꾼 사건이다. 통일교라
고 하면 아직 유대기독교의 특징인 하나님 아버지라는 절대성이
내재해 있다. 그러나 가정연합 혹은 가정교회라고 하면 벌써 남성
적-권력적 이미지보다는 여성적-평화적 이미지가 앞선다. 세계
를 지배하던 제국주의의 종교라는 남성적 이미지보다 세계가 하나
의 가정이라는 가정연합체·가정연결체라는 발상에는 여성적 이
미지가 앞서게 된다.

가정의 연결체라는 말은 여성적 특성인 자궁web을 은유하기에

충분하다. 월드와이드웹World Wide Web: WWW이야말로 여성시대의 도구적 연결체이다. 인터넷은 종래의 가부장적 권력체계에 도전하는 도구이면서 세계의 판도를 바꾸는 혁명적 도구이다. 말하자면 교회도 인터넷화 되면 권력적인 모습은 머지않아 사라지게 될 것이고, 그야말로 가정에서 예배를 볼 수 있는 가정교회가 저절로 된다.

인터넷교회는 가정교회의 모습이다. 인터넷 교회가 주류가 되면 자본주의의 추한 모습의 대명사가 되고 있는 대형교회의 모습도 사라질 것이다. 지구=땅=여성=인터넷은 삶을 종래의 추상적·관념적·권위적·남성적인 데서 끌어내 와서 구체적·신체적·비권위적·여성적인 데로 옮겨가게 할 것이다.

하늘의 이미지는 역시 지배적이다. 그러나 땅의 이미지는 피지배적이다. 땅과 함께 바다의 이미지도 피지배적이다. 바다는 무엇보다도 평등의 상징이다. 예수님도 바다를 좋아했다. 아시다시피 갈릴리 바다는 너무도 유명한 성경 속의 바다이며, 바다상징이다. 바다는 높이를 잴 때 해발의 기준이듯이 평등의 기준이며, 끝없음, 넓음, 그리고 파도(파동)치는 우주를 느끼게 하는 대상이다.

문선명 총재는 평소에도 바다에 대한 관심이 많았고, 해양섭리에도 관심이 많았으며, 알래스카에서의 연어낚시를 좋아했다. 연어낚시는 낚시를 위해서라기보다는 바다를 보면서 명상에 잠기는 것을 좋아했다는 뜻이다. 항상 바다에서 명상을 했기 때문에 제로 0, zero에서 생각할 수 있었고, 우주의 근본에 대한 깨달음을 잃지 않을 수 있었다.

바다는 여성이다. 여성시대는 해양시대라고 한다. 그래서 통일교는 여성과 해양시대를 묶어서 특별히 훈련시키기도 했다. 그런데 여성이 원죄-평화의 이중성을 가지고 있는 것처럼 바다도 평등-타락의 이중성을 가지고 있다. 요한복음 20장 13절을 보자.

"지금까지 음녀의 거처였던 바다와 사망과 음부까지도 죽은 자들을 내어주어 '자기의 행위대로' 심판을 받는다. 즉 주님의 승리로 말미암아 악을 숨겨준 바다까지도 정화된다."[4]

악과 사탄을 포용하지 못하면 결코 신은 우주적 본질에 이르지 못한다. 만약 본질에서 나온 하나님이라면 분명 사탄과 악을 포용하면서 모두 하나가 되는 평등과 평화에 도달해야 할 것이기 때문이다. 여성은 남성보다는 그 신체성(육체성)으로 인해 좀 더 악과 사탄과 가까이 있지만 바로 그 때문에 도리어 그것을 극복할 힘과 기회를 동시에 가지고 있다. 이것이 바로 여성이 갖는 바다의 의미이다.

남자는 시간과 역사(기록)를 중시한다. 그러나 시간이라는 관념(제도)은 어떤 주기를 가지는 것에서 착안된 것이기 때문에 여자(월경)와 자연(계절)로부터 시작되었다. 남자는 기록을 위해서 말을 중시한다. 그러나 말이라는 것도 소리(음성언어)에서 시작하여 문자(문

---

4. 정시구, 『요한 계시록의 놀라운 비밀』, 국학자료원, 2013, 338쪽.

자연어)로 발전하였다. '여성-자연-바다-소리'는 자연의 원시성과 함께 타락성을 동시에 갖는 상징이다.

여자의 자궁은 어떤 개념도 아니고, 시간과 공간을 계산할 수 있는 장소場所가 아니다. 자궁은 우주의 천지창조처럼 태초의 사건이 일어나는 장場일 뿐이다. 우주적 사건이 지금 일어나는 장일 뿐이다. 사람의 가운데에서 하늘과 땅이 하나가 되어 생명이 탄생되고 생성되어 가는 장일 뿐이다. 남자들이 말한 모든 것은 이것을 은유한 것에 불과한 것이다.

그렇다고 자궁은 결코 자궁환원주의를 주장하지 않는다. 자궁은 지금 태초처럼 나아갈 뿐이다. 이것이 여성의 덕목이고, 존재의 궁극이다. 여자들은 자기 안에 있는 존재의 궁극을 모르고, 그 같은 진리를 설한 남자의 말씀에 귀를 기울인다. 왜냐하면 스스로를 볼 수 없고, 알 수 없기 때문이다.

가부장제의 여러 종교와 경전들은 모두 자연과 여자를 남자와 인간의 입장에서 설명하고 해석한 텍스트일 가능성이 높다. 그렇기 때문에 이제 여성의 세계적 연대나 연합에 의해 여성의 역할과 지구 평화에의 기여를 평가하는 설명과 해석, 그리고 보다 적극적인 참여가 필요한 시점에 도달해 있다.

이에 발맞추어 통일교는 세계평화통일가정연합이 되기 전에 이미 1992년에 세계평화여성연합WFWP을 발족시켰다. 이 여성연합은 유엔 NGO(비정부기구) 단체로 세계에서 가장 활발한 활동을 하는 단체로 유명하다. 여성연합은 물론 남성에 비해 불평등과 차별대

우를 받아온 여성들에게 남성과 동등한 입장에 서게 하기 위한 세계 비정부모임이다.

여성연합은 '남성-지배-힘-전쟁'의 논리로 전개되는 세계사를 '여성-사랑-평등-평화'의 논리로 전환하고자 하는 통일교-가정연합의 지향점을 드러내고 있는 단체이다. 통일교의 산하단체가 아니라 도리어 통일교가 지원하는 유엔단체라고 보아야 할 것이다.

다른 여성여권단체와는 달리 남성과 대결하기보다는 본래의 여성적 덕목을 지킬 것을 목표로 하고 있다. 예컨대 효심을 가진 참된 딸, 정절과 헌신으로 내조하는 아내, 자녀들을 올바르게 키우는 어머니가 되게 하고, 사회를 위해서는 봉사하는 여성 지도자를 키우자는 게 목표이다. 말하자면 여성을 본래의 여성성으로 돌려놓자는 뜻이다. 이것이야말로 통일교-가정연합의 여성성이다. 한학자 총재가 세계평화여성연합 창립 1주년 기념 일본 순회대회에서 강연한 내용을 보자.

> "무수한 인간들이 함께 살면서 온갖 관계와 문제가 벌어지고 있지만, 그 모든 문제의 핵심은 남자와 여자 두 사람 사이의 관계와 문제인 것입니다. 이렇게 볼 때, 우리는 하나님이 인류의 첫 조상을 이 땅 위에 창조하실 때 세워 두신 인간 남녀가 걸어가야 할 천도가 무엇이었던가를 살펴보지 않을 수 없습니다."[5]

---

5. 통일교(편저), '이상세계의 주역이 될 여성', 『참사랑으로 완성하신 참어머님(한학자 총재 고희기념문집)』, 성화출판사, 2012, 22쪽.

"하나님께서 천지를 다 창조하신 후 마지막으로 인간 시조 남자 아담과 여자 해와를 창조하시고 그들에게 3대 축복을 주는 동시에 책임분담도 함께 주셨습니다. 3대 축복이란 곧 '생육하고 번성하여 너희의 후손이 이 땅 위에 충만하게 하라. 그리고 바닷속이나 지상이나 공중에 있는 만물을 다스리라'는 것이었습니다. 그리고 그들 남녀에게 '선악과를 따 먹지 말라!'라는 책임도 함께 주셨던 것입니다."[6]

"종교에서는 우리에게 인간이 타락했다는 사실을 가르쳐 주고 이 타락의 내용을 밝혀내어, 인간을 죄악으로부터 완전히 구원하시려는 하나님의 섭리를 직접·간접적으로 알려 주고 있습니다. (중략) 공자·석가예수·마호메트와 같은 4대 성현들의 가르침은 시대와 환경을 초월하여 인간의 양심과 도덕을 지켜주고 문화를 발전시켜온 원동력이었던 것입니다. 따라서 모든 종교는 최악의 세계를 청산 짓고 신과 인간이 바라는 이상세계 건설을 위한 동역자들이요, 협력자들인 것입니다. 그중에서도 하나님의 구원섭리가 가장 직접적으로 계시되어 있는 경서가 바로 기독교의 성경입니다."[7]

"하나님께서는 아담, 해와가 타락하여 사탄의 혈통을 중심

---

6. 통일교(편저), '이상세계의 주역이 될 여성', 22-23쪽.
7. 통일교(편저), '이상세계의 주역이 될 여성', 25-26쪽.

한 인류가 번성하면서부터 곧 바로 선과 악의 혈통을 분립하는 역사를 행하였던 것입니다. 아담가정에서부터 하나님의 상대적 입장에 있는 차자 아벨과 사탄의 상대적 입자인 장자 가인을 분립시켜 가인이 아벨 앞에 자연굴복하게 함으로써 창조 본연의 질서를 원상회복하시려 하였지만, 가인이 아벨을 살해함으로써 오랫동안 선악분립 투쟁역사는 연장되게 된 것입니다."[8]

기독교사적으로 볼 때 여성의 입장이 무엇인가를 확실하게 밝혀주는 대목이다. 여성은 원죄의 원인제공자임을 밝히고 있다. 한편 통일교는 성약의 완성과 더불어 여성해방, 사탄해방, 사물해방을 천명했다. 그럼으로써 유대기독교적 원죄와 책임에서 신학적으로는 완전히 해방되었다. 그러나 해방이라는 것은 다시 방종으로 흐를 위험이 있는 것이다. 말하자면 해방이라는 것이 기독교 계명에서 방면된, 혹은 성적 타락에서 면책된 해방구가 되어서는 안 된다. 여성해방이란 도리어 새로 원죄를 저지를 위험을 안고 있는 인간조건이기도 하다. 그래서 여성을 중심한 도덕운동이 필요한 것이다. 오늘날 여성해방은 양면성을 가지고 있는 것이다.

"요한계시록 19장을 보면 과연 그 예수님의 재림은 지상에 오셔서 어린양 혼인잔치를 하시는 것으로 기록되어 있습니

---

8. 통일교(편저), '이상세계의 주역이 될 여성', 26-27쪽.

다. 이것은 바로 에덴동산의 아담 해와가 타락하지 않은 가정을 이루기 위해 참된 부부와 참부모의 자리로 복귀하는 내용인 것입니다. (중략) 다시 오시는 예수님이 인류의 참 아버지로 오셔서 이 세상 모든 남성과 여성이 걸어가야 할 참된 자녀의 길, 참된 부부의 길, 참된 부모의 길이 무엇인가를 보여줄 것입니다. 그래야만 인류의 원죄인 음란 퇴폐 문제가 근본적인 해결을 보게 됩니다. 이것이야말로 인류를 죄악의 세계로부터 구원해주실 진정한 복음이 아닐 수 없습니다."[9]

한학자 총재는 문선명 총재가 메시아적 사명을 타고 나신 분임을 천명하고 있다.

"본인은 오늘 이 자리를 통해 제 남편 문선명 총재는 일생을 두고 이 메시아 참부모의 길을 개척해 오신 분임을 만천하에 선포합니다. 여러분이 잘 아시다시피 제 남편 문선명 총재는 그동안 악한 세상의 모진 박해와 핍박 속에서도 하나님의 창조목적을 밝히고 인간 시조가 범한 원죄를 규명해냄으로써 인류의 미래를 개척해 오신 분입니다. 제 남편 문 총재의 가르침인 통일원리에 의하면 모든 종교인들이 기다리는 종주들의 재림이상, 곧 미륵불, 진인, 신공자들

---

9. 통일교(편저), '이상세계의 주역이 될 여성', 29-30쪽.

의 재림과 예수님의 재림사상은 한 분의 메시아, 인류의 참
부모의 재림으로 실현되는 것이며, 모든 종교도 연합 통일
되게 되어 있습니다. 그런데 그 메시아 참부모는 일부 기독
교인들이 믿고 있듯이 공중에서 구름을 타고 2천 년 전에
돌아가신 옛날의 그 예수님이 재림하시는 것이 아니라, 예
수님의 사명을 상속받은 새로운 분이 이 지상에 태어나시
게 되는 것입니다. 그분이 태어나는 나라가 우리 대한민국
이요, 따라서 인류의 참부모 되시는 메시아는 놀랍게도 우
리와 같은 말을 사용하는 한국인으로 오신다는 사실입니
다."[10]

한반도의 남북통일은 세계평화의 열쇠라고 한학자 총재는 말
한다.

"전 세계를 선악으로 분립하여 선 편으로 분립된 남한이 악
편으로 분립된 북한과 마지막 대결의 장을 형성해 놓은 곳,
즉 전 세계의 축소판이 한반도입니다. 따라서 한반도의 남
북통일이야말로 세계평화와 통일의 열쇠가 되는 것입니다.
(중략) 이제 남북통일은 정치인들에게만 맡겨진 게 아니라
하나님이 간섭하시는 일로 된 것입니다. 제 남편 문 총재는
지금도 전 세계적 기반을 동원하여 하나님이 하시는 뜻대

---

10. 통일교(편저), '이상세계의 주역이 될 여성', 30-31쪽.

로 남북통일을 성취하고 음란과 퇴폐가 없는 이상적 평화의 세계를 건설하기 위해 불철주야 애쓰고 있습니다."[11]

"우리 세계평화여성연합은 성도덕의 퇴폐, 마약의 확산, 온갖 음란하고 문란한 성관계로 인해 우리의 가정이 위협받고 있는 이 현실을 구제할 근본적인 처방을 가지고, 지난 4월 17일 서울 올림픽 메인스타디움에서 세계 60개국 대표와 15만 한국의 어머니들이 모여 창설한 범세계적인 여성기구입니다. 우리는 남성들이 여성들을 억압해온 타락한 사회풍토와 온갖 음란퇴폐로 썩어가는 인류사회의 내일을 구하기 위해서 더 이상 기다릴 시간이 없습니다. 참부모, 참부부, 참자녀의 도리를 배우고 실천하기 위한 우리의 행진은 마침내 세계평화가정연합을 결성하고, 오대양 육대주이 지구성 어디에서도 불륜과 퇴폐가 발을 붙이지 못하도록 해야겠습니다. 그리하여 인류가 에덴동산에서부터 음란이란 원죄를 범한 아래 오늘날까지 계속해서 고통당하는 악의 혈통을 청산할 새 세계를 맞이할 준비를 서둘러야 하겠습니다."[12]

세계평화여성연합의 발족이야말로 바로 통일교-가정연합이 바로 여성성의 세계적 본부라는 것을 말해주고 있다. 이제 남은 과제

---

11. 통일교(편저), '이상세계의 주역이 될 여성', 32-33쪽.
12. 통일교(편저), '이상세계의 주역이 될 여성', 34-35쪽.

는 여성성의 핵심이라고 할 수 있는 사랑과 희생을 통한 봉사와 실천에 통일교-가정연합이 얼마나 실질적인 행동과 성과를 거두느냐에 달려 있다.

가정연합은
선진 한국의 수레바퀴

　기독교 교회가 마치 신부가 신랑을 모시듯 하나님을 섬긴 것이라면 문선명 총재는 아내가 남편을 모시듯 인류를 사랑하고 모시면서 실천궁행해 온 일생을 살아 왔다. 여기에 깊은 신앙적 여성성이 내재해 있다고 하지 않을 수 없다. 문선명 총재의 인류구원사업, 천지공사를 여성인 한학자 총재가 이어가고 있는 것은 여성성에 대한 새로운 눈뜸이다.

　여성성이야말로 미래 인류의 평등과 평화의 요체이다. 심정의 하나님은 여성성으로 인해 완성되는 것이다. 여성성은 남성성의 구원이다. 여성성이야말로 소유하지 않는 삶이고, 제 몸을 세계에 내어주는 희생의 삶이다. 과거 인류는 남성성에서 위대성을 발견하였지만, 이제 인류는 여성성에서 위대성을 발견한다. 위대한 여성성의 실현이야말로 인류의 희망이다. 천일국은 여성성이 실현되는 지상천상천국인 것이다.

천일국은 본래로 돌아가는 세계이며 나라이다. 그래서 정오정착의 하나님, 마지막 부성으로서의 하나님, 샤먼-킹shaman-king이 필요했던 것이다. 그 샤먼-킹이 바로 천일국진성덕황제天一國眞聖德皇帝인 것이다.

> 아! 세계의 마지막 수컷이 누웠도다.
> 모든 암컷들이 경배하는 수컷이 누웠도다.
> 수컷 중의 수컷, 수컷의 왕
> 왕이 누웠도다.
> "천일국진성덕황제天一國眞聖德皇帝"
> "억조창생만승군황億兆蒼生萬勝君皇"

- 박정진의 서사시「심정으로 오신 하나님」중에서

통일교는 처음으로 종교 분야에서 기독교를 통해 세계를 제패한 광개토대왕廣開土大王과 같은 종교이다. 우리 민족은 비록 지상의 영토전쟁에서는 실패하였지만, 통일교-가정연합과 함께 영혼의 전쟁, 신과의 전쟁, 하늘전쟁에서 드디어 하나님의 마음을 따내고 승리한 셈이다.

통일교는 하늘에서 '광개토廣開土'를 이룬 토착기독교, 유불선기독교 사교회통四敎會通을 실현한 토착종교인 것이다. 물론 이 사교회통 속에는 유대교의 전통에서 '아브라함-이삭' 계열인 기독교와 다른, '아브라함-이스마엘' 계열의 이슬람교도 포함되어 있다. 여기서 기독교라고 하는 것은 범유대교 전통을 말하는 것이다.

통일교-가정연합에 의해 역사상 한 번도 주인이 되어 본 적이 없는 한민족이 세계의 주인이 되는 위치에 오른 셈이다. 가장 강력하고 절실하게 주인을 부르는 민족이야말로 진정으로 주인이 되는 하늘의 이치를 실현한 것이다. 일제식민통치 기간에 태어난 아담나라(한국)의 아들이 종의 신분에서 주인의 신분으로, 이브나라(일본)의 딸들의 신앙의 신비를 토대로 가장 낮은 곳에서 가장 높은 곳으로 등극한 것이다. 이것이야말로 지천地天시대를 증명하는 하늘의 섭리이다.

통일교-가정연합은 종적·횡적으로 팔 단계를 마친 인류의 모든 종교 중의 종교인 것이다. 종적 팔 단계는 종의 종, 종, 양자, 서자, 직계자녀, 어머니, 아버지, 하나님이고, 횡적 팔 단계는 개인, 가정, 종족, 민족, 국가, 세계, 천주, 하나님이다. 문선명·한학자 총재께서는 이 종적 팔 단계와 횡적 팔 단계를 하나로 묶어서 정착했음을 선포하는 팔정식八定式[13]을 가졌다.

주역팔괘 중 여덟 번째 괘는 태兌괘이다. 태괘가 여덟 번째 괘가 되는 것은 상징적 의미가 있다. '팔8, 八, ∞'은 열리는 것을 의미한다. 태괘는 '태兌=팔八+형兄'의 합성이다. 형兄자는 사람, 혹은 무

---

13. 1989년 8월 20일 미국 알래스카 코디악 노스가든에서 문선명·한학자 총재께서는 댄버리 출감 4주년을 기념하여 애원섭리시대를 선포하셨다. 이날 '구원섭리의 완결과 애원섭리'라는 주제의 말씀을 통해 지금까지는 탕감복귀 구원섭리시대였지만 앞으로는 통일교회를 반대하는 세력이 없어지며 사랑으로 섭리하는 시대로 진입하게 된다고 밝히셨다. 또한 1989년 8월 31일 팔정식을 선포함으로써 탕감이 필요 없는 시대를 여셨다. 세계평화통일가정연합, 『참父母經』, 성화사, 2015, 1369쪽 참조.

당, 혹은 인형의 형상이다. 결국 종합적으로 보면 태괘는 '사람이 (하늘로, 무한대로) 열리는 것'을 상징한다. 태괘는 또한 가족으로 보면 소녀小女를 나타낸다. 소녀가 열려야 잉태를 하게 된다. 태괘는 또한 자연물로는 못 택澤을 상징한다. 못은 생명 잉태의 조건이다.

　지구적·인류적 여성시대의 전개를 앞두고 섭리사적으로 한국에서 일어난 세계사적 영적 사건이 바로 통일교—가정연합이라는 영성종교운동이었던 것이다. 통일교—가정연합은 한국이 선진국·세계중심국이 될 때 수레바퀴가 될 것이다. 정치경제라는 수레바퀴와 함께 다른 쪽인 종교도덕의 수레바퀴를 맡을 단체이다.

9장

서양철학 속의 여성성 1

– 니체, 하이데거, 레비나스를 통해 본 여성성

"니체는 당시 유럽사회에서의 인간의 수평화, 왜소화를 개탄하고, 그 원인이 기독교의 인간관에 있다고 보았다. 기독교는 삶 즉 생명을 부정하고 금욕주의를 주장하면서 인간의 가치를 피안에 두었다. 또 만인은 신 앞에 평등하다고 말했다. 그 결과 인간의 활발한 생명력을 소실시키고 강한 인간을 끌어내리어 인간을 평균화했다고 보았던 것이다. 그리하여 그는 '신은 죽었다(Gott ist tot)'라고 선언하면서 기독교를 공격했다. 기독교의 도덕은 신이나 영혼이라는 개념으로 생과 육체를 억압하고, 생의 현실을 부정적으로 봄으로써 강한 인간에의 길을 막았으며, 약자나 고통받는 자를 후원하고 있다고 그는 생각하였다. 이와 같은 기독교의 도덕을 그는 노예도덕이라고 불렀다. 그리고 기독교적인 사랑의 생활, 정신적인 생활을 물리치고 본능에 의한 생활, 생명이 욕구하는 대로의 생활을 전면적으로 긍정하였다"

— 「통일사상요강」, 275쪽

진리의 여성성을 개척한
니체

　여성은 자연의 상속자이다. 동양은 자연으로부터 이를 일찍이 깨달아 음陰을 양陽보다 먼저 내세우는 '음양陰陽론'을 주장하고, 나중에 음양오행론 혹은 역학易學체계를 완성하였다. 음양의 세계는 '음양 상징'의 세계이다. 이때 음양 상징이라고 하는 것은 언어의 코노테이션connotation, 즉 내포적인 의미가 극대화된 것을 말한다. 그래서 음양사상은 적용되지 않는 곳이 없다. 이에 비해 서양철학의 언어는 디노테이션denotation, 즉 지시성이 극대화된 것을 말한다.

　서양철학의 언어체계는 극단적으로 의미(기의)를 생략한 기표만의 세계를 추구하기도 한다. 이것이 바로 오늘날 서양과학의 언어이고, 수학적·기계적인 언어가 된다. 음양 상징은 사물을 수직적으로 분류하고 결정화하는 서양의 상징(언어)이라기보다는 수평적으로 역동하는 대대待對적 우주, 상호 보완하는 쌍雙으로서의 상징이다.

서양철학이 지금껏 진리라고 규정한 것은 실은 진리의 표상(기표, 기호)에 지나지 않는다. 진리는 대상에 이름을 붙이는 남성적 관점에서의 진리였다. 그렇다면 진리의 진정한 내용은 무엇인가. 크게 말하면 여성이다. 여성으로서의 우주는 대뇌의 우주가 아니라 '심정으로서의 우주'이다.

남성적 진리관, 특히 오늘날 서양철학의 진리관은 바로 모든 사물을 기호와 추상으로 대체한 것이고, 그 이면에는 결국 생명의 우주를 기계로 환원하는 지독한 환원주의reductionism 혹은 회귀주의regression가 개재되어 있다. 이는 직선적 사고의 결과로서 우주를 하나의 원환圓環으로 보는 사고방식(사고체계)의 결과이다.

서양철학은 급기야 우주의 의미를 없애고 기표만의 세계를 구상하기에 이르렀고, 세계는 의미가 생략된 무의미한 세계가 되었고, 근대과학문명은 깊은 허무주의에 빠지게 되었다. 이것을 가장 절실하게 느낀 서양 철학자가 바로 니체이다. 또한 허무주의에 빠진 세계는 스스로 살아남기 위해서 생존을 위한, 삶의 유의미화를 위한 철학적 노력을 거듭하게 되었는데 그 선봉장에 선 인물이 바로 니체이다. 니체의 디오니소스적 긍정의 철학과 초인의 철학은 바로 여기에 대안으로 제시된 것이다.

니체는 서양 철학사에서 진리의 여성성 혹은 여성성에 대한 철학적 탐구를 개척한 인물이다. 남자가 진리를 찾는 방식은 너무 이성적이고 심지어 권력적이고 지배적이다. 지배적이라는 말은 소유적이라는 말에 다름 아니다. 과연 진리는 소유되는 것일까. 남성의 소유적 진리에 대해 니체는 여성성의 핵심을 지적하면서 생각의 전환을 시도한다.

니체는 "여성의 해결책은 임신이다."고 말했다. 니체의 이 말은 언뜻 보면 여성을 임신이나 하는 존재로 격하하는 것 같지만, 남성적 진리의 불임성에 비해 여성의 임신성과 존재성을 강조한, 철학의 극단적 해결책을 제시한 말이기도 하다. 또한 니체는 진리를 여자에 빗대어 설명하고, 형이상학적 진리를 찾는 학자들의 잘못을 꼬집은 적이 있다.

> "진리를 여자라고 가정한다면…… 그럼 어떻게 될까? 모든 철학자들이 독단론자들인 한 그들은 여자에 대해 지극히 미숙한 게 아닐까? 이제까지 그들이 진리에 접근할 때 흔히 쓰던 방식, 즉 대단히 엄숙한 태도로 서투르게 강요하는 것은 여자의 마음을 사로잡는 데 부적당하지 않은가? 그녀가 마음을 주지 않으리라는 것은 명확하다."(『선악을 넘어서』 서문)

이 문장에 대해 니체 연구가인 고병권은 다음과 같이 해석한다.

> "위의 글은 영원한 진리를 찾고자 하는 학자들의 미숙함을 다루고 있지만, 동시에 여성의 진리를 찾으려는 남성의 미숙함을 다루고 있는 것이기도 하다. 진리를 갖고 싶어 하는 철학자들처럼 남성들은 여성을 갖고 싶어 한다. 하지만 철

학자들이 그렇듯이 남성들도 진리를 발견하는 데에 실패한다. 자연의 모든 겉옷을 벗김으로써 그 속에 숨은 진리를 찾겠다는 철학자들이나, 여성들의 겉옷을 벗김으로써 그 본질을 발견하겠다는 남성들의 시도는 똑같이 어리석은 짓이다. 자연도 여성도 겉옷 속에 어떤 본질을 가지고 있지 않다."[1]

니체는 소유적 본질이 없음을 은유적으로 설명한다. 본질은 형이상학자, 즉 남성들의 가상이라는 것이다. 니체는 '늙은 여인들과 젊은 여인들에 대하여'라는 잠언에서 "표면은 여인의 정서, 일종의 얕은 물 위에서 요동치는 격한 살갗이다."고 했다. 니체는 진리의 여성성을 생각의 피상성과 결부시킨다.

"사람들은 자연이 진줏빛 불확실함과 수수께끼들 뒤에 숨겨 놓은 수줍음에 대해 좀 더 존경할 줄 알아야 할 것이다. 어쩌면 진리란 그녀의 이유를 우리에게 보여주지 않는 것에 대해 이유를 가지고 있는 여자인지도 모른다. 어쩌면 그녀의 이름은 그리스어로 말하자면 바우보Baubo가 아닐까? 아, 그리스인들! 그들은 정말 인생을 어떻게 살아야 하는지 아는 사람들이었다. (⋯) 그리스인들은 생각이 깊었기 때문에 오히려 더 피상적이었다. 이것이 바로 우리가 되돌아보

1. 고병권, 『니체의 위험한 책, 차라투스트라는 이렇게 말했다』, 도서출판 그린비, 2003, 198쪽.

아야 할 점이 아닌가?"(『즐거운 지식』 제2판 서문)

위의 구절에 대한 고병권의 부연 설명을 보자.

"여성들은 표면이 심층을 가리고 있는 게 아니라, 심층에
대한 열망이 표면의 다양성을 가리고 있음을 이해한다. 여
성들은 표면에 얼마나 다양한 진리들이 반짝이고 있는지
이해한다. 아마도 여성들이 화장을 잘하는 것은 무엇보다
표면의 중요성을 잘 알고 있기 때문일 것이다. 표면의 중요
성을 이해하지 못하는 남성들만이 '화장발에 속았다'고 분
개한다. 남성들은 무언가를 벗겨야 진실이 나온다고 생각
하는데, 여성들은 그런 남성들의 기이한 욕망을 다스릴 줄
안다. 여성들은 저 깊은 심층까지도 껍질로 위장한 양파처
럼 되는 것이다."[2]

여성은 흔히 자궁으로 대변된다. 자궁은 모든 것을 발생시키는
비어 있는 공간이다. 동양의 음양陰陽사상은 여성을 음陰, --으로
상징함으로써 중앙이 비어 있음을 표시하고 있다. 여성의 자궁은
남성의 성기를 기준으로 보면 결핍이나 공허가 되겠지만, 도리어
생산적이고 창조적인 공간이다.
자궁의 생산은 남성이 개발한 공장의 생산과는 근본적으로 다르

---

2. 고병권, 같은 책, 199쪽.

다. 자궁의 생산은 존재의 생산이다. 공장의 생산은 현상의 생산이다. 동양의 음陰사상은 불교의 공空과 통하고 다시 기氣와 통한다. 서양문명에서는 바슐라르의 '공기空氣의 시학'이 있지만 동양에서는 '음陰=공空=기氣=존재'의 은유가 성립한다.

positive 남성	양(陽)	색(色)	이(理)	이성	형상	현상	물, 불, 흙
negative 여성	음(陰)	공(空)	기(氣)	감정	질료	존재	공기(空氣)

니체가 은유적으로 젊은 여성을 갖고 싶어 하는 이유는 임신가능성 때문이다. 그는 이렇게까지 말한다.

"무엇이 내 삶을 유지시키는가? 그것은 임신이었다."

여성의 생산(임신출산)은 남성의 생산(공장생산)보다 더 본질적이고 태초의 시원과 연결되어 있다. 여성은 천지창조가 아닌, 시작 없는 시작이며, 최후종말이 아닌 끝없는 끝이다. 니체는 철학적 임신으로 초인을 낳기를 원했다. 그는 자신의 신체주의와 여성성을 표출하는 극단적인 말도 서슴지 않았다. 니체에게는 어린아이가 되는 것이야말로 삶의 목표이고, 미래적 인간상이다.

"여자에게 남자는 일종의 수단일 뿐이다. 목적은 언제나 어린아이다."

니체는 분명히 여성의 생산(재생산)을 남성의 생산보다 높이 평가하는 관점을 군데군데에서 드러냈다. 그러나 권력의 의지라는 것이 근본적으로 여성적인 것은 아니다. 권력의 의지는 세계에 대한 남성적 의지이며, 인간의 의지인 것이다. 이때의 여성성이 인간중심주의나 인간의 한계를 넘어서려면, 즉 진정한 여성성이 되려면 여성성은 자연이 되어야 한다. 니체는 이것을 알지 못했다.

니체의 '어린아이를 닮은 초인을 낳는 여성성'과 레비나스의 '메시아를 연상시키는 타자의 여성성'은 닮은 데가 있다. 초인과 메시아는 어딘가 통하는 구석이 있으며, 이들의 공통점은 남성에 의한 구원이 아니라 여성에 의한 구원을 추구하고 있다는 점이다.

둘 다 아직도 남성 중심적, 혹은 남성적 시각에서 여성성을 바라보고 있다. 그러나 두 철학자에 의해서 서양철학이 여성성에 대한 이해를 높이고 있음을 볼 수 있다. 니체는 철학적 임신을 꿈꾸었는지도 모른다. 니체의 여성에 대한 태도는 매우 이중적이고 역설적이다. 니체는 여성을 대상으로 바라보는 남성의 초월적 시각에서 완전히 탈피한 것은 아니다.

남성의 기표(기표주의)의 생산과 산업 생산에 몰입하는 현대문명을 두고 인간의 신체(신체주의)의 강조와 함께 여성의 재생산을 강조한 니체지만 그도 산업화·기계화된 세계에 대해 '힘(권력)에의 의지'를 주장함으로써 대안을 제시하지는 못했다.

하이데거 존재론의
여성성

니체에 비하면 하이데거는 동양사상과 철학에 한 걸음 더 다가선 인물로 보인다. 하이데거는 동양의 도가道家사상을 매우 심도 있게 접했던 것으로 보이며, 그 때문인지 동양의 천지인사상이나 불교적 사상을 나름대로 소화해서 자신의 철학적 용어로 재정립한 것으로 보인다. 그의 존재론은 흔히 '불교적 존재론'이라고 불러도 크게 틀리지 않을 것 같다.

인류문명을 보면 가부장사회에 들어와서는 이름은 남자의 전유물이 된다. 여자는 물자체, 대상, 시니피에, 메타포로 존재한다. 이에 비해 남자는 사물에 이름을 붙이는 자, 주체, 시니피앙, 메토니미로 존재하게 된다. 그럼에도 불구하고 동양사회에서는 서양과 달리 '음陰사상', '여성성에 대한 존중'을 견지했던 것으로 보인다. 예컨대 도가사상과 음양사상은 그 대표적인 철학적 사례이다.

서양의 철학과 과학과 자본주의는 오늘날 세계를 지배하고 있지만 빈부격차, 환경문제 등 많은 문제점을 노출시키고 있다. 따라서 인류문명을 새롭게 구성하지 않으면 안 되는 절체절명의 시기에 도가적 사상은 인류의 구원이 될 수도 있는 사상이다. 바로 여기에 서양철학자로서는 처음으로 개안한 인물이 하이데거이다.

도덕경의 첫 구절은 도道의 '숨어 있음/드러남'이라는 이중성을 보여주는 부분이다. 말하는 것은 드러남을 말하는 것이다. 그렇다면 평소에 도道는 숨어 있는 셈이다. 천지의 시작은 이름이 없다. 그러나 이름이 있으면서 만물이 있게 되는 셈이다. 이를 하이데거의 존재론으로 보면, 드러남은 존재자이고, 숨어 있음은 존재인 것이다.

그렇다면 도道가 드러나지 않으면 실재(존재)가 없는 것인가. 실재가 없는 것은 아니다. 눈에 보이지 않는 존재일 뿐이다. 그것을 기氣라고 해도 좋고, 때로는 에너지라고 해도 좋다. 여기서 만물이 태어난다. 사람이 태어남의 근거는 우선 어머니이고, 어머니는 또한 자연과 연결된다. 여자가 어머니가 되는 것은 태아를 키우고 낳는 법을 알기 때문이 아니라 그것을 몰라도 아이를 낳기 때문에 어머니가 된다. 말하자면 아이를 낳는 근거의 근거는 결국 자연이 된다.

그런데 서양의 양력은 사람이 지상에 태어난 것을 기준으로 나이를 계산한다. 이에 비해 동양의 음력은 갓난아이가 태어나면 어머니 배 속에 태아로 있었던 10달을 계산에 포함한다. 어머니를 감안하는 셈이다. 예컨대 말하여지지 않는 상태, 보이지 않는 상태, 배 속에 있었던 상태를 존재에 포함한다. 동양이 음력을 채택하는 이유는 매우 의미심장하다. 동양은 보이지 않는 것에 대한 경외심이 있었던 것 같다.

"소리는 우주의 메타포이고, 음악은 소리의 메타포이고, 시는 음악의 메타포이고, 그림은 시의 메타포이다."

여성은 소리의 존재이고, 시적 존재이다. 여성이라는 사물은 소리로 자신을 표현하기를 좋아하고, 시적 상상력과 분위기에 의해 쉽게 감염되면서 살아간다. 사물은 소리이고, 소리는 사물의 입이다. 소리는 사물의 꽃이다.

과학적인 발명發明과 발견發見도 실은 한자로는 '피는' 꽃花과 관련이 있다. 발명과 발견의 '발'發은 '필'訓(의미) 발이다. 과학이라는 것도 사물로부터 핀 꽃이다. 그런데 그 꽃은 '조화'造花이다. 이것을 발음은 같지만 뜻이 다른, '조화'調和 혹은 '조화'造化로 바꿀 필요가 있다.

하이데거는 언어는 "입의 꽃die Blume des Mundes"이라고 말한다. '입의 꽃'의 소리는 울림이지만, 그 울림은 단순히 입과 혀의 울림이 아니라 입과 혀를 둘러싼 존재 세계로부터 기인한다고 말한다. 즉 '입의 꽃'은 육체적 기관인 입과 혀가 아니라는 것이다.

이런 현상은 날씨나 주위 환경에 따라 그리고 그 민족이 경험한 현상들에 따라 소리의 발화가 달라지는 것을 통해 알 수 있다. 언어가 소리에 기인한다고 할 때 그것은 언어가 단순히 입을 통해서

가 아니라 바로 그 민족을 둘러싼 대지와 하늘, 그리고 역사적인 사건들을 통해 익혀진 '육화肉化된 혀'를 통해 말해지는 것을 의미한다.[3]

하이데거는 '존재론적인 혀'를 '고향을 부르는 숨결'이라고 표현하고 있다. 하늘, 대지, 인간, 신의 울림이 조율된 것이다. 이 네 가지 음성은 전체적으로 무한한 관계를 이끌어낸다. 이는 동양의 천지인 사상으로 회귀하는 것과 같다. 신神은 이들 삼자를 통합(조율)하는 역할을 한다. 이 신은 인신人神이거나 신인神人일 것이다. 이 신은 기독교의 신처럼 죽은 신이 아니라 대지와 더불어 살아있는 신이다.

하이데거는 데리다와 달리 서양문명의 '말소리중심주의'의 '소리'에 대한 콤플렉스가 없었기 때문에 니체에 가장 가깝게 다가설 수 있었던 철학자였다. 하이데거는 소리에 매우 민감하면서 친화적이다. 그래서 존재론에 도달하였을 가능성이 높다. 소리야말로 현존이면서 또한 존재가 아닌가.

하이데거는 사중물四重物, das Geviert을 주장한다. 이는 자연이라는 전체성을 설명하기 위해서 자연적 상징을 활용하는 것이라고 볼 수 있다. 상징이 아니고서는 전체성을 설명할 방도가 없기 때문이다.

---

3. 최상욱, 『하이데거와 여성적 진리』, 철학과 현실사, 2006, 370쪽.

"하이데거가 말한 사중물四重物, das Geviert은 하늘과 대지와 불사적인 제신諸神과 죽게 되어 있는 인간을 가리킨다. (중략) 저 <das Geviert>를 '사중물四重物'이라고 번역한 이유는 마치 사중주의 음악 연주에서 네 악기가 따로따로 노닐면서 하나의 화음을 내듯이, 이 세상의 모든 '사事'를 하이데거가 '하늘', '대지', '인간', '제신諸神' 등의 네 존재자가 벌이는 놀이로 비유하기 때문이다."[4]

하이데거의 사중물은 일종의 상징과 은유이다. 개념어로 축조되는 대부분의 철학적 글쓰기와 달리 어떤 총체성을 표현하기 위한 비유에 속한다고 할 수 있다. 그런데 하이데거의 사중물은 동양의 천지인天地人 사상이나 불교의 사대四大에 비교될 수 있다.

하이데거의 하늘과 대지는 천天과 지地에 대응된다. 나머지 제신諸神과 인간은 인人에 포함시키면 무리가 없을 것이다. 하이데거가 제신을 등장시킨 것은 니체가 '신은 죽었다'고 선언한 것과 대조를 이룬다. 제신이란 바로 범신을 말하고 범신은 자연을 말하기 때문이다. 니체가 '신은 죽었다'고 말했을 때의 신은 바로 기독교의 존재신학적인 신이었다. 그러나 하이데거의 신은 스피노자의 전통과 연결되는 신이다. '물物 자체'가 '신神'이 되는 것이다.

이는 칸트가 보류하였던 '물자체'와 '신'이다. 칸트에 의해 괄호

---

4. 김형효, 『하이데거와 화엄의 사유』, 청계, 2002, 116쪽. 하이데거 사방세계담론과 인간 거주함의 의미에 대한 자세한 내용은 다음을 참조. 조형국, 『하이데거의 철학 읽기(일상·기술·무의 사건)』, 누미노제, 2010.

안에 넣어졌던 '물자체'와 '신'은 하이데거에 의해 다시 본래의 하나가 된 셈이다. 천지인에서 인간을 내세워 인간 중심으로 세계를 바라보면 제신은 사라진다. 그러나 인간人間 중심이 아니라 천지인天地人의 순환 속에 인人을 자리하게 하면 세계는 바로 '제신의 세계'가 된다.

하이데거의 사중물은 불교의 사대四大와 비교가 된다. 불교의 지수화풍地水火風에서 풍風을 천天에, 지地를 당연히 지地에, 수화水火를 인간에 대응하면 된다. 수화水火를 인人에 대응한 것은 인간을 비롯하여 모든 생물체가 수화水火의 순환의 산물이며, 수화에 의해 존재하기 때문이다. 풍風을 천天에 대응한 것은 풍이야말로 가장 큰 기운생동의 운동체이기 때문이다.[5]

천지인(天地人) 상징(象徵)	하이데거의 사중물(四重物)	불교의 사대(四大)
천(天)	하늘	풍(風)
인(人)	제신(諸神)/인간	수(水)/화(火)
지(地)	대지	지(地)

하이데거의 후기 철학은 점점 동양의 천지인 사상이나 불교의 사상에 접근함을 볼 수 있다. 그는 또 태조모Ahnin의 동산에서의 언어를 추구한다. 그런데 한국에는 '마고麻姑'[6]라는 창조의 여신이

---

5. 박정진, 『철학의 선물, 선물의 철학』, 소나무, 2004, 185-186쪽.
6. '마고(麻姑)'는 한국에 전해 내려오는 『부도지(符都誌)』라는 책에 등장하는 '태초의 여신'(太祖母)이다. 부도지는 신라 내물왕(17대)～눌지왕(19대) 때의 충신(忠臣) 박제상(朴堤上, 363～419)이 쓴 신화체의 역사서이다. 박제상은 한국의 선비정신과 충신의 효시라고 할 만한 인물이다. 조선시대 생육신(生六臣)의 한 사람인 매월당 김시습(金時習, 1435～1493)은 한국의 최초의 한문소설인 『금오신화(金鰲新話)』의 저자로 알

있다. '하나님 어머니'와 같은 마고는 율려律呂라는 '소리의 여신'이다. 율려를 시니피앙과 시니피에로 보면, 율律은 시니피앙이고, 여呂는 시니피에이고, 율은 보편성이고 여는 일반성이다.

율(律)	보편성	시니피앙	예악(禮樂)	양(陽)
여(呂)	일반성	시니피에	성음(聲音)	음(陰)

이를 천지인 사상에 대입하면 다음과 같다. 마고는 '태초의 언어'가 '소리'임을 말하는 신화이다.

천	하늘	신(神)의 울림(律呂)과	태초의 어머니 신(神):
인	인간	조율(調律):	마고(麻姑):
지	대지	"태초에 소리가 있었다."	므네모쉬네

한자어로 어머니는 모母이다. '모母: mo'와 '마麻: ma'와 '무無: mu'는 능기적인 발음의 유사성으로 인해 소기적인 의미의 유사성을 부른다. 혹시 여자의 하늘성이 무無이고, 여자의 땅성이 마麻이고, 여자의 인간성이 모母라고 하면 어떨까. '무'가 여신이다. 이들은

려져 있지만 그보다는 부도지를 전한 인물이라는 점에서 더 중요하게 평가된다. 그가 『징심록(澄心錄)』 15지(誌)와 박제상의 아들인 백결선생이 보탠 『금척지(金尺誌)』와 자신이 보탠 『징심록추기』 등 총 17지(책)를 전하지 않았다면 우리는 부도지의 존재도 모를 뻔했다. 부도지는 바로 징심록의 제1지이다. 그러니까 징심록의 일부이다. 부도지는 충렬공 박제상 선생이 삽량주 간으로 있을 때에 쓴 역사서로, 보문전 태학사로 있을 때에 열람할 수 있었던 자료를 회고하고, 가문에서 전해 내려오던 비서를 정리하여 저술한 책이다. 영해 박씨 가문에는 예부터 전해오던 비서가 많았는데 아마도 이 가문이 박혁거세를 비롯하여 한민족(동이민족)의 혈맥을 잇는 중요한 위치에 있었던 것으로 보인다. 불행하게도 이 가문은 조선조에는 생육신인 김시습 등과의 친분, 최근세사에는 남로당 총책임자인 박헌영(朴憲永, 1900~1955)의 출생으로 각종 수난과 압박을 받아온 탓으로 귀중한 옛 문서가 많이 유실되었던 것으로 보인다.

천지인이 순환하는 것처럼 순환하는 관계에 있다.

여자 (女子)	천	무(無)	'모'와 '마'와 '무'는 능기적인 발음의 유사성으로 인해 소기적인 의미의 유사성을 부른다. '무'가 여신이다.
	인	모(母)	
	지	마(麻)	

'아버지-서양'에서
'어머니-동양'으로 원시반본

어쨌든 철학의 중심은 이제 남성성이나 가부장성家父長性이 아니라 여성성이나 가모장성家母長性으로 중심이동을 하고 있다.

근대 서양철학의 분수령은 역시 니체이다. 하이데거, 데리다, 들뢰즈 등은 모두 니체의 제자들이라고 할 수 있다. 들뢰즈는 물론 니체와 마르크스의 제자라고 말할 수 있다. 그런데 니체는 음악을 통해서 인간과 세계가 하나가 된 그리스를 철학적 모델로 생각했다. 하이데거는 시간을 통해서, 데리다는 공간을 통해서, 들뢰즈는 리좀(뿌리)철학과 머시니즘machinism을 통해서 니체의 사상에 도달하고 있다고 말할 수 있다. 이들 세 철학자들은 각자 다른 입장에서 니체에 접근하고 있다고 말할 수도 있고, 니체를 확대 재생산하고 있다고도 말할 수 있다. 그러나 이들은 니체를 극복하지 못하고 있다. 이들은 모두 여성주의를 표방하고 있지만 니체의 여성에 이르지 못하고 있다. 니체의 여신은 디오니소스이다.

"여러 예술을 모든 예술작품의 필연적인 생명의 원천으로 간주되는 유일한 원리로부터 이끌어내려고 노력하는 모든 사람들과 정반대로, 나는 그리스인들의 두 예술 신 디오니소스와 아폴론에 시선을 두고 이 두 신에게서 가장 깊은 본질과 최고의 목표에 있어서 서로 다른 두 예술세계의 대표자들을 본다. 아폴론은 개별화의 원리를 찬란하게 변용하는 정령精靈으로서 내 앞에 서 있다. 가상에 의한 구제가 진정으로 달성되기 위해서는 아폴론에 의지할 수밖에 없다. 이에 반해 디오니소스의 신비적인 환호성에 의해서 개별화의 속박은 분쇄되고 존재의 어머니들에게 이르는 길, 사물의 가장 깊은 핵심에 이르는 길이 열리게 된다. 아폴론적 예술로서의 조형예술과 디오니소스적 예술로서의 음악 사이에는 거대한 대립이 존재하는 바, 위대한 사상가들 중에서 오직 한 사람만이 이러한 대립을 분명하게 보았다. 그는 그리스 신화의 상징적 표현의 안내를 받지 않고도 음악에 모든 다른 예술과는 다르면서도 그것들보다 뛰어난 성격과 근원이 있음을 인정했던 것이다. 왜냐하면 음악은 모든 다른 예술처럼 '현상에 대한 모사'가 아니라 '의지 자체의 직접적인 모사'며, 따라서 세계의 모든 물질적인 것에 대해서 형이하학적인 것, 모든 현상들에 대해서 물자체를 표현하기 때문이다."[7]

니체의 여성은 음악이고 디오니소스이다. 음악은 물자체의 예술이고, 무형지학無形之學의 예술이고, 구체예술具體藝術이다. 그렇다면 철학이 더 일반화를 지향한다고 할 때 음악은 어디로 향하여야 하겠는가? 당연히 음악은 그것의 질료인 소리로 향하여야 하고, 소리는 결코 대상화되지 않는 물자체의 마지막 상징이며 은유이다. 니체가 찾는 궁극적인 '존재의 어머니'는 무엇일까. 아마도 소리일 것이다.

그런데 소리야말로 동양의 허虛와 공空으로 통하는 매개媒介이고 영매靈媒이다. 소리는 특별히 연주되지 않아도 존재하는, 우주에서 항상 잠재되어 떠도는, 바람風과 더불어 흐르는流 우주음악이다. 이 우주음악은 마치 화성和聲: 和音이 없는 산조散調와 무조無調음악 같다.

바로 동양의 '허'와 '공'에 도달할 수 있는 철학이면서 동시에 서양의 디오니소스 음악과도 통하는 소리철학, 포노로지야말로 니체의 계승자이다. 우주의 소리는 모든 움직이는 것, 사건의 상징이면서 은유이다. 소리는 정지된 사물의 사실이 아니다. 소리는 음악보다도 더 존재의 본질에 도달하는, 존재 자체이다.

현대 철학자들이 니체를 극복하지 못하고, 존재의 본질에 도달하지 못한 원인은 소리의 본질에 도달하지 못한 때문이라고 여겨

---

7. 프리드리히 니체, 『비극의 탄생』, 박찬국 옮김, 아카넷, 2011, 197-199쪽.

진다. 소리야말로 우주의 일반성을 확인하는 실체이면서 종래의 '보편성의 철학'이 아닌, '일반성의 철학'을 위한 근거가 된다. 소리야말로 우주의 드러남인 현현顯現과 숨김인 '은폐隱閉'의 숨바꼭질하는 존재임을 증명하는 것이다. 소리는 우주의 비어 있음을 증명하는 시詩이면서 은유隱喩이다. 동시에 비어 있음에서 드러나는 세계의 울림, 세계 그 자체이다. 소리는 또한 음악처럼 우주의 의지意志이면서 기운생동氣運生動하는 기운생동, 그 자체이다.

동양과 서양은 그 문명을 구성하는 철학과 역사와 전통이 너무 다르다. 서양은 이성중심주의로 인해서 남자중심이고, 언어중심이고, 권력중심이다. 서양은 시공간을 바탕으로 하는 자아중심과 역사주의로 인해서 사물을 대상화하는 것에 익숙해 있다. 이는 남자가 여자를 보는 방식이다.

여자-모성을 중심으로 '어머니주의motherism[8]'로 세계관을 재편하여야 하는 까닭은 이러한 관점이야말로 가장 권력으로부터 벗어나 있기 때문이며, 인간이 만든 제도 가운데 권력으로부터 벗어나는 데에 가장 유리한 것이기 때문이다. 여자(여성, 여성성)의 철학과 남자(남성, 남성성)의 철학의 차이를 다시 특징적으로 정리하면 다음과 같다.

---

8. 필자가 정한 신조어(新造語)이다. '어머니주의'(motherism)는 '여성주의'(feminism)와도 다른, 그러면서도 신화적인 모성주의(母性主義)와도 다른, 매우 현재적, 현존적 개념이다.

여자의 철학은 심心=물物=마음=몸=기氣=생生이라면 남자의 철학은 심리心理=물리物理=정신=육체질)=이理=기계機械의 특징을 보인다.

가부장사회의 남자의 철학에 길들여진 인류는 여자, 특히 어머니를 이해하면 어떻게 심즉물心卽物이고, 마음 즉 몸이고, 심즉기心卽氣이고, 물즉생物卽生인지 쉽게 알게 된다. 그래서 여자의 철학, 어머니의 철학이 요구된다.

여자의 철학/ 일반성의 철학	심(心)	물(物)	마음	몸	기(氣)	생(生)
남자의 철학/ 보편성의 철학	심리(心理)/ 현상학	물리(物理)/ 물리학	정신	육체	이(理)/ 추상(抽象)	기계(機械)

오늘의 산업사회에 이은 정보화사회라는 것도 실은 인구증가(폭발)에 따른 인구부양을 위한 결과였는지도 모른다. 그러나 결국 현대인은 군중 속의 고독한 존재가 되어 있다. 고독이라는 병은 병의 원인을 찾는 것도 중요하지만 병을 치료하는 것이 더 중요하다. 고독을 치료하는 데는 세상에 자신을 태어나게(출생하게) 한 어머니를 중심으로 사회전반을 재편하는 것이 가장 근본적인 처방일지도 모른다.

10장

서양철학 속의 여성성 2

– 니체, 하이데거, 레비나스를 통해 본
여성성

"주체와 대상의 관계가 피조세계에 있어서, 크게는 천체로부터 작게는 원자에 이르기까지 무수히 많다. 예컨대 태양계의 태양과 혹성과의 관계, 원자의 양자와 전자와의 관계는 중심적인 것과 의존적인 것의 관계이며, 어미동물과 새끼동물, 보호자와 피보호자의 관계는 동적인 것과 정적인 것의 관계이며, 지도자와 추종자, 주는 자와 받는 자와의 관계는 적극성과 소극성의 관계 또는 능동성과 피동성의 관계이다. 또 가정생활에 있어서 부단히 가정의 번영을 꾀하는 남편은 창조적 또는 외향적이요, 가정을 내적으로 알뜰히 꾸려나가는 아내는 이에 비해서 보수적 또는 내향적이다. 그런데 피조세계에 있어서의 주체와 대상의 개념은 상대적이다. 예컨대 아무리 한 개체가 주체일지라도 상위자에 대해서는 대상인 것이요, 아무리 한 개체가 대상일지라도 하위자에 대해서는 주체가 된다."

— 『통일사상요강』, 96-97쪽

레비나스
'타자의 철학'의 여성성

　흔히 레비나스의 철학은 '타자의 철학'으로 명명되는데 이때의 타자는 권력의 중심에서 소외된 존재로서의 타자를 말한다. 레비나스의 타자의 철학은 전반적으로 하이데거의 존재론에서 다시 현상학으로 돌아옴을 의미한다. 하이데거의 존재론에 대한 이해를 바탕으로 출발하지만 다시 '존재에서 존재자'로 회귀한 레비나스는 주체의 회복에 이어 다시 절대적 타자에 이르는 여정으로 마무리된다. 이를 흔히 레비나스의 '존재론의 모험'이라고 말한다.

　그의 '존재론의 모험'은 다분히 하이데거의 존재론에서 '현상학으로의 환원'을 뜻하는데 현상학의 큰 틀은 초월적 평면(초월적 지평)에서 대상 혹은 대상의식에 대한 논의를 전개한다는 의미이고, 이때 주체는 동일성이라기보다는 다원적인 성격을 갖는 것을 말한다.

　현상학은 기본적으로 주체와 대상의 가역왕래를 바탕으로 하고 있는 철학이다. 헤겔의 정신현상학은 정신에 대한 현상학이라면 후설의 현상학은 의식에 대한 현상학이다. 니체의 관점주의 해석학, 즉 해석학적 현상학은 의지에 대한 현상학이다. 의지는 의식은 물론이고 무의식을 포함한다는 점에서 프로이트와 만나게 된다. 이들 현상학은 물리적 현상학에 비하면 모두 심리적 현상학에 속한다.

현상학에서는 본래 주체와 대상은 동일성(정신-물질)이기도 하고 다원적이기도 하다. 현상학의 중심이 주체에서 대상으로 옮겨가면서 주체가 다원적이 되고, 주체에서 동일성을 찾기보다는 대상(결과, 목적)에서 동일성을 찾는 경향을 보였다. 그러한 점에서 레비나스도 영락없는 현상학자이다.

현상학은 본질적으로 대상에서 동일성을 찾지만 판단정지를 통해 열린 평면(지평)에서 그것을 추구하기 때문에 결정론적이지는 않다. 현상학적이라는 말의 뜻은 대상으로서의 타자가 닫힌 동일성이나 결정적인 의미대상이 아니라는 뜻이며 대상에 대해 끝없이 열려 있음을 전제한다.

현상학이 칸트적 인식론과 다른 점은 대상(의미대상)이 열린 실체라는 점이다. 여기서 굳이 현상학적 대상을 실체라고 하는 이유는 비록 주체가 없지만 의식과 욕망, 그리고 상상계의 도움을 받으면서 잡을 수 있는 실체를 끝없이 추구하기 때문이다. 그런 점에서 레비나스의 주체와 타자는 종래의 칸트적 의미와는 다르다. 칸트적 의미가 결정론적인 데 반해 다원적이다.

레비나스는 인간의 신체성 혹은 신체적 개별성의 회복을 통해 하이데거의 존재론에서 니체적 현상학(해석학)으로의 부분적 복귀를 시도한 것으로 해석된다. 그는 니체의 신체주의에 합류하면서 '대상으로서의 신체'가 아니라 '주체적 신체' 혹은 '신체적 주체'를 거론함으로써 주체의 다원성을 발판으로 종래의 동일성을 벗어나고자 한다.

레비나스의 신체주의는 '나 자신이 된다'는 것이다. 이 말은 칸트의 보편적이고 지속적인 통일성으로서의 주체가 아니라 스스로 창조하는 자율적 주체를 말한다. 자율적 주체는 타인을 지배하기보다는 자신을 지배하고 통제하는 것이다. '나 자신이 된다'의 '나'는 선험적으로 주어져 있는 것이 아니라 나의 삶으로 표현되고 실현되는 것이다.

이것은 레비나스의 "결과, 곧 그것이 나이다l'effect, c'est moi"라는 말에서 잘 드러난다. 이것은 결과적 동일성이다. 주체적 동일성을 포기한 대신 결과적 동일성으로 선회한 것이 레비나스의 타자의 철학이다. 그의 타자론, 혹은 절대적 타자는 존재에 대한 새로운 현상학적 관심이자 전개이다. 그런 점에서 궁극적으로 존재자는 존재를 지배하게 된다.

레비나스의 현상학은 니체의 것과는 다르다. 니체의 신체주의는 결과적으로 권력에의 의지를 목적으로 하였지만 레비나스는 도리어 여성적 타자나 무력한 타자에게 주인과 주체의 자리를 내줌으로써 비권력적 태도를 보이고 있다. 이 점은 니체가 직접적이든 간접적이든 히틀러의 파시즘과 연결되는 반면에 레비나스는 홀로코

스트를 당한 유대인의 입장이라는 것과 통한다.

레비나스와 니체의 관계는 니체가 권력의 편에 있다면 레비나스는 비권력의 편에 있음으로 인해서 대립적인 위치에 선다. 두 사람의 철학 자체가 현상학적 관계에 있음을 알 수 있다. 이는 헤겔의 정신현상학이 마르크스의 유물론과 대립적인 관계에 있는 것과 유사성을 보인다.

니체가 세속적인 신을 죽인 대신에 초인을 등장시킨 철학자였다면, 레비나스는 니체가 죽인 신을 다시 살려낸 철학자라고 할 수 있을 것이다. 그러나 우리가 '신'이라고 말할 때 이미 그 신은 존재에서 존재자로 전락하게 된다. 그래서 유신론이든 무신론이든 정작 살아있는 신, 현존하는(움직이는) 신에게는 마찬가지인지도 모른다.

인간은 현존하는(흘러가는 존재 혹은 잡을 수 없는 실재로서의) 신이 아니라 '부재(실체가 없는)의 신'을 긍정하거나 부정할 수밖에 없는 존재이다. 레비나스도 데리다와 마찬가지로 부재에 잡혀 있다.

부재absent의 개념은 서양철학의 정체와 모순을 가장 잘 드러내는 개념이라고 하지 않을 수 없다. '부재'의 개념은 역설적으로 서양 사람들과 서양문명이 실체적 사고를 하고 있음을 반증하고 있는 개념이다. '부재'의 개념은 데리다에서 비롯되는 개념이지만, 이 개념이야말로 근본적으로 실체적(대상적) 사고를 하고 있는(하지 않을 수 없는) 서양철학 그 자체를 드러내는 개념이라고 하지 않을 수 없다.

데리다의 부재는 어디까지나 '실재의 부재'이고 동시에 '실체의 부재'이다. 그는 실체를 실재라고 생각하기 때문이다. 이는 또한 '현재의 부재'이다. '부재'는 필연적으로 무한정(무한대)을 불러온다. 차이와 지연, 무한정이라는 것은 그래서 현상학적인 차원이 되고, 여전히 동일성(실체)을 전제하는 것이다. 이에 비해 하이데거는 본래적 존재에 도달하여 하이데거적 존재론을 전개한 셈이다.

현상학은 그것이 과거이든, 현재이든, 미래이든 완료적으로 사용함으로써 이미 존재하는 것(이것이 동일성이다)처럼 가상하는 것이다. 데리다의 '에크리튀르écriture'의 과거완료적 개념이나 하이데거의 '기분stimmung'의 현재완료적 개념은 시간(시간의 흐름)의 잡을 수 없음을 잡아챔으로써 실체로서 확보하는 철학적·인간적 장치인 셈이다.

데리다와 하이데거, 베르그송을 시제 및 초월성, 그리고 차연의 종류로 비교하면 다음과 같다. 데리다는 과거완료, 하이데거는 현재완료, 베르그송은 미래완료적 특성을 보인다. 이들의 초월성의 특징을 보면, 각각 환원성(선험성, 초월성), 존재성(본래적), 무한성(생명성)으로 나타난다.

이들의 차연도 차이-부재不在, 차이-기분氣分, 지속持續-연장延長의 특성을 보인다. 이들의 시공간적 특성을 보면 데리다는 공간, 하이데거는 시간, 베르그송은 시공간적 특성을 보인다.

이들은 서양철학의 이성중심주의를 벗어난 것 같지만 실은 선험과 초월과 무한이라는 이성의 특성을 여전히 간직하고 있다. 다시 말하면 이성이라는 것은 바로 시공간적 프레임임을 확인하게 된다. 시공간적 프레임을 포기하지 않는 한 이성주의를 완전히 벗어날 수는 없다. 인간은 허공에 시공간의 그물을 던져 실체라는 고기를 잡는 어부에 비유할 수 있다.

	데리다	하이데거	베르그송
시제	과거완료	현재완료	미래완료
초월성	환원성(선험성, 초월성)	존재성(본래적)	무한성(생명성)
차연	차이-부재(不在)	차이-기분(氣分)	지속(持續)-연장(延長)
시공간	공간(시간)	시간(공간)	시공간

하이데거의 기분stimmung 혹은 근본기분Grundstimmung이야말로 동양의 기氣철학의 기氣에 가장 접근한 개념이라고 볼 수 있다. 하이데거는 근본기분이라는 개념설정 때문에 개념이 아닌 '존재'와 '무'에 이르렀고, 현상학과는 결별하고, 시간에 구속된 '지향志向, intentionality'이라는 개념 대신에 '관심觀心, Sorge'이라는 마음을 바라보는(심물이 하나가 되는) 물심일체의 경지에 도달하였고, 존재론 철학을 정립하였다고 해도 과언이 아니다.

이에 비해 데리다의 현존現存, présence, 現前이 실체적 현존이듯이 그의 부재도 실체적 부재이다. 현존과 부재는 데리다에게서는 서로 반대(대립)개념이지만 실은 데리다의 밖에서 보면 같은 개념의 양면성(이중성)에 지나지 않는다. 그래서 결국 현존과 부재의 개념은 데리다를 현상학에 머물게 한다. 데리다의 현존과 부재의 개념은 결국 시간의 현재에 머물게 하는 개념이다. 그의 유령개념은 현존과 부재에 돌려주어야 하는 것이 된다. 현재, 즉 시간이야말로 유령(가상실재)인 것이다.

데리다의 해체주의는 종래 서양철학사의 변하지 않는 실체를 찾는 여정에서 해체되지 않는 실체를 찾는 것으로 방향을 전환한 것에 지나지 않는다. 이는 프랑스 철학의 텍스트이론과 문체적(문학적) 철학, 현상학적 전통의 영향하에 있는 것으로 철학의 방법으로서 해체를 사용한 철학자로서 당연한 일이다. 그러나 데리다가 제안한 텍스트 해체로서의 문자학文字學이나 윤리학으로서의 유령학幽靈學은 서양철학사에서 또 다른 실체를 찾는 것일 뿐이다. 데리다의 문자학의 원문자는 원인적 동일성에 해당하고, 해체적 윤리학으로서의 유령학은 결과적 동일성에 해당한다. 그런 점에서 데리다는 현상학자이다. 한마디로 데리다는 존재론적 존재에 이르지 못했다.

데리다는 과학이 실체라고 하는 것을 '흔적' 혹은 '차연'이라고 말하면서 자신은 이성적인 과학에서 벗어난 반이성적인 철학자인 양 착각하고 있다. 결코 '해체될 수 없는 것'the indeconstructural을 추구하는 데리다의 해체철학은 '불변의 실체'를 찾는 종래의 이성주의와 다를 바가 없다.

데리다의 해체철학이라는 것은 말뿐인 것이다. 흔적과 차연이라는 것이 무한대라는 개념을 앞에 설정해놓고 실체를 계산하는 과학의 미적분과 프레임 상에서 무엇이 다른가. 철학은 데리다에 이르러 선후상하좌우를 넘어 '한계(울타리)', '경계'의 내외를 넘나듦으로써 선후상하좌우내외를 완전히 넘은 셈이다.

데리다의 차연은 미적분과 같은 것인데 단지 과학은 차연의 흔적을 '실체'로서 계산하고, 즉 객관적인 등식으로 환원할 수 있는 반면, 해체철학은 그것을 '부재'라고 말함으로써 실체적 사고를 하면서도 그렇지 않은 양 제스처를 취할 따름이다. 부재는 어떤 것으로도 환원할 수 없으며, 끝없이 해체하여 영점零點에 다다르게 된다.

데리다의 '부재'는 남이 만들어놓은 텍스트text를 계속 해체하면서 그것을 마치 어떤 거대한 일을 하는 양 착각하고 있는 것이다. 어떤 새로운 인문학적(철학적) 설계를 하는 것도 아니고, 그렇다고 과학의 실체를 긍정하는 것도 아닌, 말하자면 인문학과 과학적 사고의 실체의 함정에 빠진 것이다. 말하자면 데리다의 '부재'가 동양의 공空사상이나 무無사상에 도달하지도 못한다. 왜냐하면 그는 근본적으로 실체적 사고를 하고 있으니까 말이다.

데리다의 '부재'는 '현재의 부재'이고 '실체의 부재'이고 또한 '실재의 부재'이다. 실재의 부재에서 그것은 가상실재이고, 과학은 가상실재를 뒤집어서 실체라고 한다. 자연과학의 특성은 무한대로 계속되는 '연장'을 실체로서 걷어 올리는 작업을 하고(현상화 하고), 인문학의 특성은 '차연'을 '부재'로 해석하여 기존의 텍스트를 해체하고 무의미의 세계로 돌아가는 점이 다르다. 무의미의 세계는 현상학이 존재에 이르는 접경이지만, 그것이 의미의 세계를 무의미의 세계로 해체하는 끝없는 연장선상에 있기 때문에 하이데거의 '존재'는 아니다. '존재'는 의미와 무의미의 차원이 아닌 다른 '깊이'

에 있다.

현상학은 결국 존재(실재)를 깨달은 사람이 자신이 존재라는 것을 결국 자처할 수밖에 없고, 자신의 텍스트와 말을 생산할 수밖에 없다. 그렇지만 그 텍스트와 말은 다른 사람에 의해 언젠가는 판단정지 및 현상학적 환원의 대상이 된다.

데리다의 '흔적'이나 과학의 '실체'는 무한대를 가정한다는 점에서 프레임 상 같은 것이다. 둘 다 가상실재에 대한 이름 붙이기이다. 그런 점에서 현상학은 매우 거창하게 말하고 있지만 결국 출산되지 않은, 혹은 출산되기를 거부하는 미숙아 같은 '의식의 의미'를 두고 갑론을박하는 것이다. 실체는 항상 부분을 가상하고 부분의 합은 아무리 많아도 결국 부분에 그치고 전체가 되지 못한다(부분의 합은 전체가 아니다). 전체는 항상 현상되지 않는 여지(존재의 여지)를 남기고 있다.

과학은 무無를 항상 무한대無限大로 실체화한다. 과학이야말로 현상학(과학적 현상학)의 결과였다. 현상학은 과학의 발생학적 과정을 뒤늦게 추적한 철학의 형이상학적 노력이 과학의 형이하학으로 추락한 결과를 확인하게 할 뿐이다. 현상학은 과학도 순환론의 일부라는 것을 증명한 공적밖에 없다. 그래서 철학이 시간을 포기하지 않는다면 과학의 시녀가 될 수밖에 없다.

시간의 선형적 모델을 기초로 세계를 '인과因果'로 보는 과학의 방식을 거꾸로 '과인果因'으로 보게 한 현상학은 앞에서도 여러 차례 말하였지만 원인적 동일성을 결과적 동일성으로 옮겨놓은 것에 불과하다. 이는 앞으로 나아가는 시간의 직선적 특성인 '시간성'과 계속해서 보충대리를 해야 하는 인간의 '이성'이 합작한 인간의 환상, 즉 가상실재이다.

해체철학은 반이성주의의 기치를 높이 쳐들었지만, 결과적으로 이성주의를 극복하지 못하는, 이성주의의 잔해와 흔적들만을 붙잡고 무슨 거대한 피난처(구원처)라도 발견한 양 떠들고 있는 서양철학의 자기부정의 마지막 몸부림이다.

서양철학은 프랑스의 현상학에서 출구를 찾을 것이 아니라 하이데거에서 그 출구를 찾는 것이 그나마 다행일 것이다. 하이데거는 적어도 서양의 형이상학 자체가 지금껏 '존재'라고 부르고 있었던 것이 실은 '존재자'라는 가상실재(실체)였음을 자각한 철학자이기 때문이다.

존재는 '흔적'이 아니라 '무無'이다. '흔적'은 참으로 현상학적인 차원에서 행해진 '무'에 대한 반응이고, 해석이다. 흔적에는 시간이 있지만 무에는 시간도 없다. 시간이 있으면 아무리 인과가 없다고 말하지만 결국 '인과' 혹은 '과인(과인은 인과와 같은 말이다)'으로 돌아가지 않을 수 없다.

소리철학 · 일반성의
철학과 여성성

　데리다가 이성주의의 원흉으로 몰고 간 '소리(목소리)의 현전(현존)' 이야말로 처음부터 실체(소유적 존재)가 아니라 존재(자연적 존재)였고 실재였다. 자연적 존재는 원본을 주장하지 않는다. 어떤 것이 원본이 아니라고 줄기차게 주장하는 자체가, 다시 말하면 차연이고 흔적이라고 주장하는 자체가 실은 원본을 설정한 것이다. 데리다야 말로 시간의 처음이 아니라 시간의 마지막에 잡혀 있다. 그것이 바로 원본이고 실체이다. 데리다는 차연이라는 무한대에 잡혀있다.

　서양철학의 전통은 이상하게도 '소리'를 이성(아리스토텔레스)이라고 하고, 빛을 이성(데카르트)이라고 하였다. 물론 기독교는 '말씀'을 이성이라고 하였다. 그런데 실은 빛과 소리는 둘 다 이성이 아니다. 이는 빛과 소리를 대상으로 본 서양 사람들이 자신의 이성을 그것에 투사한 것에 지나지 않는다. 결국 서양 사람들은 대상을 통해 자신을 본 것이다. 이것은 일종의 나르시시즘이다.

본래 소리音는 아무런 의미가 없는 파동(운동)에 지나지 않는다. 소리(자연, 대상)에 의미를 부여하고는 다시 소리(소리도 이미 기호 혹은 기표이다)에 기호를 덧씌우고는 기호(기표)의 의미(기의)를 고정시키거나(이것이 개념이다) 아니면 의미를 없애버린 것(이것이 의미의 해체이다)이 서양철학이다. 말하자면 결국 의미가 없는 기표만 남게 된 것이 후기근대철학이라는 것이다. 이것이 서양의 구조언어학이라는 것의 정체이다.

이것을 남녀의 섹스淫, 飮에 비유하면 남자는 여자에게 씨(씨는 의미이다)를 뿌리고 여자는 그것을 받아들이는 구조와 같다. 그런데 섹스과정에서 남자는 자신의 씨를 뿌리고(욕망을 달성하고) 나면 그만이다. 욕망을 달성하기 전에는 매우 유의미한 존재이던 여자는 욕망을 달성한 남자에게 무의미한 존재가 된다. 이것은 음식에도 그대로 적용된다.

이것을 가부장제도에 비유하면 남자는 여자와의 섹스를 통해 자식을 얻고는 그 자식에게 자신의 이름(기호)을 부여하고는 여자의 존재(이름)는 지워버리고, 가부장제의 출계出系를 만든다. 결국 여자의 이름은 없어지고 남자의 기표만 남게 된다. 출계는 바로 권력을 의미한다.

이러한 권력화의 메커니즘은 모든 정치제도에 적용된다. 특히 오늘날 민주주의에도 그대로 권력자(통치자)와 비권력자(피통치자)에게 적용된다. 이때 국민은 여성의 입장이다. 권력(가계)을 생산하기 위해서는 국민(여성)을 필요로 하지만, 권력을 얻은 다음에는 국민은 통치의 대상이 될 뿐이다.

이것을 동양의 음양陰陽사상에도 적용하면 음陰에 해당하는 것이다. '음'은 드러나지 않는 것의 상징이고, 양陽은 드러나는 것의 상징이다. 동양은 항상 음양사상이라고 함으로써 드러나지 않는 것, 즉 '음'을 앞세우는 전통이 있다. 물론 동양의 역사에서도 남자가 가부장사회와 국가를 운영하지 않은 것은 아니지만, 적어도 사상 면에서는 자연을 통해서 음이 우선함을 배웠던 셈이다. 이러한 자연주의, 혹은 무위자연 사상은 신선神仙사상이나 도가道家사상을 비롯해서 심지어 유가儒家사상에도 그 밑바탕을 이루고 있다.

동양의 음양사상에서 보면 서양은 '양陽의 문명'이고, '기표의 문명'이고, '의미의 문명'인 셈이다. 이제 비해 동양은 '음陰의 문명'이고, '기의의 문명'이고 심지어 '무의미(자연)의 문명'인 셈이다.

〈'음'의 해석학〉

'음' (소리)	음(音)	소리(자연)	기호(기표, 기의)	기표
	음(淫, 飮)	여자(비권력)	남자(권력)	가계(가부장제)
	음(陰)	음(陰)	양(陽)	동양=陰, 서양=陽

서양의 근대-후기근대철학은 가부장제-남성중심-페니스주의를 견지하면서도 동시에 그것을 부정하는, 그럼으로써 여성(자연)의 생산성(재생산성, 출산)에 완전히 귀향하지 못하는, 가부장제의 마지막 허영에 빠진, 일종의 철학적 포르노그래피의 상황이다. 기독교적 성결주의 이면에는 이러한 포르노그래피가 숨어있는 것이다.

오늘날 서양문명의 포르노그래피적 상황을 보면, 그동안 제기되었던 '여성이 진리다'는 진리에 대한 보다 확실한 표현이 아닐 수도 있다. 이 말은 '어머니가 진리다'라고 수정되지 않으면 안 된다. 여성은 임신할 수 있는 바탕을 가졌지만, 임신을 안 할 수도 있기 때문이다. 철학적 임신이라고 말할 수 있는 '의미'를 '무의미'로 해체하는 것이 데리다를 비롯한 프랑스 후기근대철학자, 해체철학자들의 모습이다.

니체의 권력에의 의지, 혹은 권력의 의지는 그러한 점에서 서양문명과 서양철학의 전통에 반기를 들면서도 도리어 그것을 잘 드러내고 있다고 말할 수 있고, 특히 고백하고 있다고 말할 수 있다. 더욱이 '권력(목적어)에의 의지'철학이 '권력(주어)의 철학'으로 가역왕래하는 자체가 니체철학이 현상학적 차원의 철학이라는 것을 말해준다.

니체철학의 영원한 화두인 욕망과 이성은 끝이 없다는 점에서 대상화의 한 방식이다. 욕망은 신체의 이성이고, 이성은 대뇌의 욕망이다. 니체의 영원회귀도 칸트의 선험성(시간)과 초월성(공간)에 이어 무한성(시공간성)을 대상화의 또 다른 방식으로 채택한 것으로서 주목된다.

니체와 그의 후예를 자처하는 데리다는 공히 서양철학의 실체적 사고를 고백하고 있는 셈이다. 니체는 '권력'을 통해서, 데리다는 '부재'를 통해서 말이다. 니체의 권력도 '실체(주어 혹은 목적어의 실체)'이지만, 데리다의 부재도 실은 '실체(결과적 혹은 표상적 차이의 실체)'이다.

철학자는 자신도 모르게 그가 소속한 문명의 정체를 드러내게 된다. 이는 언어로 철학하는 자체가 이미 자신의 문화와 문명을 드러내는 '포지티비티positivity의 행위' '양陽의 행위'이기 때문이다. 서양의 철학과 과학은 자연에 대해서 '양의 입장'이다. 양의 입장은 '소유의 입장'이다.

　서양의 근대철학과 후기근대철학은 인류의 철학사에 있어서 가장 '소유적 인간을 표출한 철학적 사건'이라고 하지 않을 수 없다. 근대철학에 반기를 든 후기근대철학도 실은 반기를 드는 그러한 제스처와 나르시시즘 속에 여전히 이성적인 모습, 이성적인 유령들을 보이고 있는 것이다.

　소유적 인간은 소유하려고 하니까 실체가 필요한 것이고, 그 실체는 이성과 욕망의 법칙에 따라 무한하게(무한대, 무한성) 다른 실체로 연장되지 않으면 안 된다. 그래서 실체로서의 신은 영원히 달아나지 않으면 안 된다. 정신이든, 물질이든, 심이든 물이든 모두 소유적 인간에게는 실체로 둔갑하게 된다. 실체는 가상실재(가상존재)이다.

　그런데 마르크스의 유물론이 물질material, Matter을 바탕으로 하고 있다면, 레비나스는 여성성·모성성mother을 바탕으로 하고 있다. 참고로 물질인 'Matter'는 라틴어의 'Matermother'에서 변화된 것임을 상기할 필요가 있다. 물질은 여성적인 특성을 공유하고 있는 닫힌 체계(대상)라면 여성성은 열린 체계(환대, 수용, 비어 있음)이다.

　서양의 후기근대철학자들의 모습을 보면 철학적으로 처한 입장들은 다르지만, 하나같이 동양의 음陰의 철학, 여성성의 철학으로 귀향하고 있는 일련의 행렬이라고 말할 수 있다. 인류의 철학은 이제 르네상스가 아니라 원시반본 하여야 한다. 인류는 여성으로 돌아가고, 자연으로 돌아가야 한다.

인간은 하이데거가 말하듯이 세계에 '던져져 있는' 존재가 아니고, 우주적 여성성 혹은 우주적 신체성에 의해서 '감싸져 있는' 존재이다. 생각해보라. 여성의 재생산(출산)이 없이(어머니 없이) 세계에 탄생한 인간은 없지 않은가? 인류는 가부장사회-국가사회의 출현 이후 권력이라는 가상실재에 의해 살아온 것이다. 그런 점에서 니체는 권력과 비권력의 경계에 있는 인물이다.

돌이켜 보면 니체는 바로 권력의 경계에 있었기 때문에 역설적으로 권력에의 의지를 발견하는 것과 함께 여성성에 대한 자각을 동시에 했던 것이다. 그러나 니체의 세계의 여성성에 대한 이해는 아직 남성성에 의해 오염되어 있음을 탈피하지 못했고, 그의 뒤를 이은 하이데거도 실은 여성성의 이해에 완전히 몰입하지 못했다고 할 수 있다. 이는 자신을 완전히 버리지 못한 때문이다.

데리다는 서양철학의 남성성을 부재 혹은 흩뿌리기 혹은 흔적 등으로 탈피하려고 했지만 이는 일종의 여성성을 향한 거짓사랑의 고백, 혹은 바람둥이의 사기극 혹은 포르노그래피에 지나지 않는다. '텍스트 밖은 없다'는 그의 화두는 일종의 '텍스트Text, Textile'의 야바위에 지나지 않는다. 데리다의 실패는 존재에 이르는 프랑스 현상학의 실패라고 말할 수 있다. 이는 현상 자체가 실은 가상실재인 데서 비롯된다. 인간의 인식이나 의식에 잡힌 현상은 이미 실재(존재)가 아니고 가상실재(실체)이기 때문이다.

현상학 계열의 프랑스 철학의 '모든 종언'은 프랑스 이성주의 철학의 실패를 말한다. 이는 동시에 프랑스가 주도하는 서양의 후기 근대철학 전체의 종언을 말한다. 미국이 주도하는 과학철학의 한계(과학의 시녀)와 함께 프랑스가 주도하는 현상학의 종언은 종합적으로 서양철학 전체의 종언을 말하기에 충분하다.

이제 하나님도 여성이다. 남성은 보조이고 매개일 뿐이다. 남성의 페니스의 시대는 지나고 여성의 버자이너 시대로 세계는 원시반본하고 있다. 여성시대에 있어서 남성은 마치 여성의 클리토리스(남성의 페니스에 해당하는 상동기관이다)에 불과한 위치가 될 수밖에 없다. 철학은 더 이상 형이상학으로서 초월적 위치에 존재할 수 없다. 이것이 앎의 철학의 종착역이고, 삶의 철학, 예술로서의 삶의 철학의 시작이다. 니체는 이것을 예언한 철학자이다.

그동안 서양근대철학은 한마디로 남성철학이었다. 후기근대철학은 그 같은 남성철학에서 탈피하려고 니체를 필두로 하여 반기를 들고 여성철학으로 전환을 하려고 '진리의 여성성'을 표방하면서 고군분투하였지만, 결과적으로 실패로 끝나고 말았다. 이 같은 실패의 이유는 여전히 서양의 전통적 철학과 그 마지막인 현상학이 가상실재인 실체를 버리지 못했기 때문이다.

서양의 철학과 종교, 예술마저도 한마디로 남성철학의 산물이며, 서양적 의미의 철학은 남성철학이었다. 이제 동양적 의미의 철학, 여성적 의미의 철학이 세계를 주도할 때가 된 것이다. 남성중심철학은 지배의 철학으로서 결국 '신들의 전쟁'으로서 표상되는 전쟁의 철학이다. 말하자면 서양철학은 "내가 세계를 지배해

야 평화가 유지된다."고 생각하는 철학적 제국주의, 철학적 '팍스
Pax=Peace'와 같은 것이라고 할 수 있다.

여성철학이야말로 '신들의 평화'를 유도할 수 있는, '지배-피지
배'의 구조를 탈피할 수 있는 '공생-공영-공의'의 철학이 될 것이
다. 새로운 시대에 새로운 철학이 필요한 것은 당연한 것이다. 여
성철학으로서의 미래의 철학은 '보편적이어서 일반적인' 것이 아
닌, '일반적이어서 보편적인' 일반성의 철학으로 대표될 것이다.

11장

서양철학 속의 여성성 3

– 니체, 하이데거, 레비나스를 통해 본 여성성

"그러나 지금의 시대는 다릅니다. 오늘의 역사는 평화·화해·자비·사랑·봉사·희생을 요구하고 있습니다. 남성적인 힘의 논리만으로는 현실문제를 해결할 수 없는 시대입니다. 더 이상 인류를 억압하는 이데올로기는 필요 없는 것입니다. 보다 여성적인 사랑의 논리로 현실 문제를 해결하고 역사의 방향을 바로잡아야 할 때입니다. 21세기를 불과 10년을 앞두고 폭력혁명과 계급투쟁을 내세워 인류를 무참히 짓밟았던 공산주의가 그 결말을 고하고 있는 것도, 더 이상 전쟁을 허용해서는 안 된다는 세계 언론의 한결같은 목소리도 새로운 여성시대의 개막을 알리는 징표이며, 여성해방의 시대, 세계여성시대 도래를 선포하는 세계사적 전환의 신호탄입니다."

— 「평화경」, 938-939쪽

레비나스의
여성성의 메시아

레비나스의 '타자의 여성성'은 바로 미래 인류의 여성철학 혹은 일반성의 철학시대를 예감하는 현상학의 예감이라고 말할 수 있다. 현상학적 입장에서 보면, 물리학은 '물리학적 현상학'이며, 칸트의 이성철학은 '이성적(인식론적) 현상학'이며, 니체의 현상학은 '권력의 현상학'이듯이 레비나스의 현상학은 '타자의 현상학'이다. '인간 자신이 존재론'('존재자의 존재')이라는 그의 말에서 알 수 있듯이 그의 존재론적 모험은 '현상학적 존재론'이나 '존재론적 현상학'의 범주에 속하며, 하이데거와 입장을 달리하는 것으로 귀결된다.

하이데거의 익명적 존재에서 주체로, 다시 주체에서 타자로의 이행은 '존재자의 존재'에 대한 새로운 의미부여라고 볼 수 있다. 레비나스는 하이데거의 '불안(염려)' 대신에 '공포(죽음)'를 대입하고, 현존재Dasein의 '저기Da: there' 대신에 '여기here'를 대입하면서 '여기'를 주체구성의 장소성으로 생각한다. 장소는 의식주체의 바탕이요

조건이다. '여기'라는 장소성은 물론 '순간' 혹은 '현재'의 시간성과 관계하며, '지금(순간, 현재), 여기'에서의 어떤 세워짐 혹은 홀로서기 hypostase를 가능하게 하는 조건이다.

하이데거에게 인간(현존재)은 '죽음을 향한 존재Sein zum Tode'로서 죽음은 '최고의 가능성', '불가능의 가능성'을 뜻하지만 레비나스에게 죽음은 '절대로 알 수 없는 것'이고 어떠한 가능성도 불가능하게 만드는 사건이다. 죽음은 주체의 주도권을 완전히 벗어나 있고 현재가 아니다.[1]

불안과 공포의 궁극적 원인은 어디에 있을까? 그것은 개체의 시간설정에 있다. 개체는 이상하게도 시간설정(존재로서의 시간)의 근본 혹은 원인이 되고, 시간의 설정은 실체의 발생이다. 시간은 계속해서 다른 실체를 무한대로 발생시키게 된다. 시간은 그러한 실체(존재자로서의 시간)의 끝없는 연속이다. 시간의 연속은 역설적으로 시간으로 하여금 주체가 되게 하고, 주체가 된 시간은 바로 시간 자체의 연속성 때문에 그 연속성의 끝에 영원한 타자를 설정하게 한다. 시간 자체가 욕망이고, 이성이다.

시간에서 벗어나는 길은 시간을 설정하고 초월할 것이 아니라 아예 시간을 설정하지 않는 것이다. 시간을 설정하지 않는다는 것은 시간의 흐름 자체, 시간의 생성 자체를 부정하는 것이 아니라 그 흐름과 생성에 자신의 몸을 맡기고 더 이상 시간을 계산하지 않

1. 강영안, 『타인의 얼굴─레비나스의 철학』, 문학과지성사, 2013, 107쪽 참조.

는 것이다. 시간의 흐름과 생성을 즐기면 되는 것이다. 이는 만물 생명을 즐기는 것과 같다. 이것이 존재의 궁극적 해탈이다. 만물 생명을 즐기면 저절로 시간은 사라지게 되어 있다.

시간과 불안과 공포는 어디에서 오는가? 아마도 '존재의 어머니'를 잃어버린 데서 출발하는 것 같다. 인간은 어머니의 자궁으로부터 나온 뒤에, 혹은 어머니의 양육과 보살핌에서 멀어지면서 세상에 버려졌다고(던져졌다고) 생각하기 때문이다. 이것은 남성적 시각이자 존재의 어머니에 대한 망각이다. 존재의 어머니에 대한 망각에서 모든 불안은 시작된다. 불행하게도 이는 자신에 대한 개체로서의 인식과 결부되어 있다. 개체로서의 인간이 사물을 인식하고 시간을 계산한다는 것은 '자연적 존재'로부터의 소외됨을 말하는 것이다.

시간은 존재의 근본과 결부되어 있다. 하이데거가 『존재와 시간』과 『시간과 존재』를 쓴 반면에 레비나스는 『시간과 타자』를 썼다. 하이데거는 『존재와 시간』에서 시간으로부터의 탈출(이탈, 초월)을 꿈꾸었지만, 레비나스는 시간을 영원히 잡을 수 없는 무한성(무한대)로 보고 있다. 레비나스에게 시간과 무한성과 타자는 결국 같은 말이다.

레비나스는 '동일성의 종언'을 공언하고 있지만 그렇다고 해서 실체를 추구하는 서양철학의 오랜 전통을 벗어난 것은 아니다. 서양철학의 전통에서 '동일성=실체'라는 점을 감안하면 그의 타자성은 완전히 동일성을 벗어난 것으로 보기 어렵다. 그의 타자성은 바로 새로운 실체론이면서 초월론에 속하기 때문이다.

여기서 우리는 무한성이라는 것이 실체라는 점을 이해해야 한다. 비록 잡을 수 없는 것이긴 하지만, 어떤 것이 계속적으로 연장된다는 것은 그것 자체가 실체성을 보유하고 있음을 의미한다. 그의 타자성은 '죽음'이나 '타자로서의 시간'에서 예증되고 있다.

물론 레비나스는 고통의 현상과 죽음을 통해 존재는 '다원적'이라는 사실을 말하고자 한다. 죽음조차도 다원성이라고 보는 것은 단순히 존재자가 다수라는 뜻이 아니라 존재 자체가 다원성임을 말한다. 레비나스의 철학은 전반적으로 기독교적 세계관이라는 지평에서 전개되기 때문에 실존론자이면서도 가톨릭의 세계관에 귀의한 가브리엘 마르셀과 대비되는데 그는 '기독교의 마르셀'이라고 말할 수 있다.

레비나스의 현재(순간)는 시간의 연속선상에 있는 현재가 아니라 마치 불교의 찰나생멸과 같은 의미로 비치기도 한다. 참된 미래는 흔히 말하는 실체로서의 현재와는 다른, 손에 거머쥘 수 없는 것이며, 영원한 타자l'autre이다. 미래와의 관계는 곧 타자와의 관계이다. 그러한 점에서 죽음을 통한 타자와의 관계는 인간에게 미래를 열어준다고 말할 수 있다.

레비나스는 현재의 시간에서 비시간성까지 찾아냈으나 다시 존재자로 돌아감으로써 존재자의 의미를 새롭게 드러낸다. 레비나스의 주체와 타자는 종래 서양의 존재론이 표상하고 있는 동일자적 성격의 주체와 타자는 아니지만 결과적으로 변형된 동일자에 귀의하는 것이 된다.

레비나스의 의식은 앎이나 반성이나 소유가 아니라 '향유 jouissance'이다. 향유는 남성적 소유와 달리 여성적 희열의 의미를 갖고 있다. 이리가라이는 프랑스어 주이상스jouissance[2]를 남성의 '눈'의 시각으로 보는 관점이 아니라 여성의 '전신적 기쁨'으로 해석하면서 주이상스를 분절하면 'j'ouis sens(나는 의미를 듣는다)'가 된다고 한다.[3] 이는 '듣는다'는 의미가 여성의 귀와 나아가서 신체로 연결됨을 의미한다. 또한 레비나스의 향유의 배경에는 '요소 l'element'라는 개념이 있고, 그래서 향유적 세계를 '요소적'이라고 부르기도 한다.

> "요소적인 것은 이름을 붙일 수 없고 지칭할 수 없다. (중략)
> 요소에는 내용은 있지만 그것을 담을 형식이 없다. 이것을
> 일컬어 레비나스는 '형식 없는 내용'이라 부른다. 요소는 얼
> 굴도 없고 이름도 없다. 그러므로 요소에 대해서는 주체와
> 대상관계를 형성할 수 없다. 요소에 에워싸임으로써만 우
> 리는 요소와 관계할 수 있다. 사물에는 일정한 모습이 있다.
> (중략) 하지만 요소는 서술할 수 있는 성질이 있다고 하더라
> 도 그것은 늘 가변적이고 불확정적이다. 따라서 요소는 이
> 름을 가진 하나의 특정한 실체로 접근할 수 없다. 이런 뜻
> 에서 레비나스는 요소를 '실체 없는 성질'이요 '떠받침 없는

---

2. 주이상스(jouissance)의 뜻은 『LE ROBERT』 프랑스 어원사전에 따르면 "내부적으로, 시적으로 즐기다/어떤 것에서 스스로 만족감을 느끼다(즐거워하다)."이다.
3. 채희철, 『눈 밖에 난 철학, 귀 속에 든 철학』, 리좀, 2005, 102쪽.

상징'이라고 규정한다."[4]

여기서 요소는 손에 잡을 수 없는, 소유할 수 없는 환경(자연적, 문화적 환경)과 같은 것이다. 예컨대 사물, 즉 공기와 바람, 도시와 바다 등과 같은 것이다. 향유에는 '요소'라는 개념이 있을 뿐만 아니라 종래와는 다른 주체성을 가지고 있다. 향유의 주체성은 '향유의 개별성'과 같은 것이며, '의존성을 통한 독립성'과 같은 것이다.

"세계에 대한 의존성, 물과 공기와 음식에 대한 의존성에 의해 주체는 주체로서 홀로 설 수 있다. 주체는 의존성을 독립성으로 바꾸고 세계를 자신의 세계로 만들어간다."[5]

향유의 주체성이 형성되면 세계는 낯선 얼굴을 벗고 향유의 대상으로 바뀌게 되는데 이때 향유는 자아, 혹은 자유로운 자아가 된다.

"주체의 내면성과 유일성은 향유를 통해 구성된다. 나와 타인, 동일자와 타자는 향유를 통해 주체의 내면성이 형성될 때, 그때 비로소 실제로 분리된다. 향유는 자아의 응축이고 자신에게로의 복귀이다. 향유를 통해 자아는 삶과 활동의 중심이 된다. (중략) 따라서 향유를 통해 자아가 비로소 출현

---

4. 강영안, 『타인의 얼굴-레비나스의 철학』, 128쪽.
5. 강영안, 같은 책, 131쪽.

한다고 레비나스는 보고 있다."[6]

레비나스의 자아의 개념은 종래의 동일성적 자아와는 다르다. 이는 대상을 소유하고자 하는 남성적 자아 대신에 '여성적 자아'라고 부를 수 있을 것이다.

> "자아의 유일성은 어떤 분류에 속하지 않는다는 사실, 어떤 개념으로도 담을 수 없다는 사실에 있다고 레비나스는 생각한다. 보편과 개별의 구별을 뛰어넘어 향유하고 있다는 바로 그 사실에 자아의 유일성이 존재한다는 것이다. 개체와 개체를 구별해주는 개별성의 원리는 질료가 다르거나 (아리스토텔레스) 다른 공간을 차지하고 있다는 사실(라이프니츠)에 있는 것이 아니라 각자가 누리는 향유와 행복에 있다. 레비나스는 향유야말로 진정한 '개별화의 원리'라고 주장한다. (중략) 개인은 저마다 향유의 주체로서 신비를 지니고 있다. 개인은 종족으로, 혈통으로, 또는 사회집단으로 또는 누구와의 관계로 환원할 수 없다."[7]

여성적 주체와 대상은 소유의 관계가 아니라 향유의 관계로서 일종의 '약한 동일성' 혹은 '가변적(왕래적) 동일성'이라고 명명할 수 있을 것이다.

---

6. 강영안, 같은 책, 131-132쪽.
7. 강영안, 『타인의 얼굴-레비나스의 철학』, 132쪽.

레비나스의 '요소'와 '향유'는 동양사상의 '기氣' 혹은 '느낌feeling'의 개념과 상통한다. 이때의 느낌은 감각을 통해 대상화(소유화)되는 것이 아닌, '느끼면서 지나가는' 존재적 느낌이다. 그런 점에서 레비나스의 '요소'와 '향유'는 느낌과 같은, 다원적이라는 점에서 동일성의 종언을 주장한 레비나스에겐 주요한 개념이다.

레비나스는 종래 서양철학의 이분법, 즉 정신과 물질(육체), 혹은 이성과 감정의 이분법을 '요소'와 '향유'라는 '약화된 동일성'이라는 새로운 개념으로서 벗어나고자 시도하고 있다. 그러나 그의 '여성적 자아'는 여성의 피부처럼 '세련된(매끄러운) 동일성'이라고 말할 수 있을 것이다.

레비나스는 서유럽 문화나 문명의 위기를 '전체주의'에서 찾는다. "나는 생각한다. 그러므로 나는 존재한다."는 데카르트의 선언은 처음부터 인식 주체를 중심으로 하는 존재론으로 '나' 이외의 모든 '타자'를 '나'의 인식 안으로 끌어들임으로써 '타자의 타자성'을 무시한다고 본다. 이것이 그가 지적하는 '동일성의 문제'이다. 이 동일성은 모든 것을 자기중심적인 체계 안에서 재정의하는, 즉 '전체 속에 체계화'하는 '전체성의 철학'이라는 것이다. 레비나스는 이러한 존재론적 철학을 '동일자의 철학', '힘의 철학', '자아론Egology' 등으로 규정한다. 이러한 철학이 '전체성의 이름'으로 개인에게 폭력을 가할 수 있는 사상적 기반을 제공했다는 것이다.

사르트르가 주체 속에 이미 타자가 들어있다고 봄으로써 주체를 대자對自라고 규정한 것과 레비나스의 견해는 정반대이다. 주체가 이미 타자의 침범을 받아 영원히 '자유의 길'을 가야 하는 사르트르의 철학은 주체가 피해자라면, 레비나스의 철학은 타자가 타자성을 무시당한 피해자로 구출되어야 하는 것이다.

레비나스는 서양철학을 '전체성의 철학'으로 비판함과 더불어 형이상학의 개념도 새롭게 규정한다. 그는 이를 위해 존재론적 욕구 besoin와 형이상학적 욕망desir을 구분한다. 주체에서 비롯된 존재론적 욕구는 이기적인 존재 유지에 치중하지만, 형이상학적 욕망은 '나'에 의해 소유되고 향유될 수 없는 것을 향한 갈망이다. 말하자면 욕망은 객체와 타자로 향한다.

레비나스는 하이데거에 의해 '기술적 사유' 혹은 '계산하는 사유'로 규정되어 버린 형이상학의 재건을 꾀하게 되는데 그 요체는 주체보다는 '나의 지배와 소유의 틀 안으로 환원할 수 없는' 타자와의 관계를 설정하는 일이다.

레비나스의 존재론이 끊임없이 '나'의 세계로 귀환하는 사고思考라면, 형이상학은 '나'의 세계에서 '나'의 바깥 또는 '나'와 절대적으로 다른 자를 향한다. 이러한 구분에 따라 레비나스는 존재론에 대한 형이상학의 우위를 말하며, '존재론의 전체성'에 대립되는 '형이상학의 무한성'을 강조한다.

레비나스의 전체성은 인간이 유한한 자기 인식의 체계 안에 모든 것을 내재화하려는 욕구에서 나타난다. 이때 그가 말하는 절대적 타자는 어떠한 수단으로도 지배할 수 없는 '절대적 외재성'을 지니고 있기 때문에 타자가 누구든 그의 생명을 존중하고 윤리적 관계를 맺는 길을 열어준다. 이처럼 레비나스에게 절대적 타자는 단지 공존해야 할 '다른 자아'가 아니라, 주체를 구성하고 변화시킬 수 있는 무한자이다.

서구의 전통적인 존재론에서 타자는 사고의 대상으로 '나'에 의해 그 존재의 의미를 부여받을 뿐이었지만, 레비나스에게 타자는 '나'에게 윤리적 책임을 갖도록 명령하고 호소하는 존재이다. 레비나스는 서구의 철학적 전통에 대한 성찰을 통해 현대 문명의 전체주의적 속성을 적시하면서 이를 극복할 수 있는 새로운 윤리학의 기초를 제시하려 했다. 이러한 레비나스의 사상적 지향은 "윤리학은 존재론에 앞선다Ethics precedes ontology."는 표현으로 압축된다. 레비나스의 윤리학은 후기 근대에 다시 살아난 스피노자의 냄새를 풍긴다. 그런데 그 스피노자는 페미니스트로 변해 있는 스피노자이다.

레비나스 윤리학의 절대적 타자성은 여성성의 메시아에서 종합적으로 집대성된다. 그의 윤리학은 어떤 절대자가 인간에게 윤리를 요구하는 것이 아니라 인간 스스로 약자를 향하여 윤리적으로 되어야 한다고 주장한다. 이는 서양철학자로서는 보기 드물게 서양철학의 가부장-국가주의 성격의 밖에서 문제를 해결하려는 자세를 보인다는 점에서 매우 고무적이다.

메시아사상은
절대신의 현상학

기독교의 절대유일신에 비하면 메시아사상이야말로 철학적으로
는 결과적 동일성을 찾는 현상학의 대중적 유형이라고 볼 수 있고,
본질론의 반대편에서 기다리고 있는 현상학의 출발이었다고 말할
수 있다. 메시아사상을 철학적으로 설명하면 절대유일신의 현상학
일 수밖에 없다.

현상학은 결국 의식(의미)이 발생하는 자궁과 같은 것으로 대뇌
를 보는 것이며, 그러한 의식이 정신으로 결정화(절대화)된 것이 헤
겔의 정신현상학인 셈이다. 따라서 현상학은 헤겔의 정신현상학을
후차적으로 설명하는 철학적 틀이라고 할 수 있다. 물론 현상학은
절대화되지 않는 의미(상대적 의미)를 내포하고 있으며, 그것이 대뇌
의 자궁 밖으로 나온 것이 정신이며, 그 정신은 사물을 대상화(노예
화)하는 것으로 나타난다.

결국 인간에게는 제2의 자궁, 즉 '의미의 자궁', '현상학적 자궁'

이라고 할 수 있는 대뇌가 중요한 것이며, 그래서 어머니의 자궁 밖으로 나와서 제2차적으로 어머니와 함께 오랜 양육과정과 의식화과정을 거쳐서 어른이 되는 것이다. 결국 인간은 신체적인 발생학에 이어 정신적 발생학을 거치는 존재이다.

여기에는 인류학적으로 볼 때 직립보행(수직으로 서서 두 발로 걸어가는 방식)과 이동에서의 손(발)의 자유로움과 손의 잡을 수 있는 능력 같은 것이 피드백 작용을 일으켜서 대뇌의 발달을 촉진하는 것으로 설명할 수 있다. 인간의 의식의 발달이라는 것도 신체와 긴밀하게 결부되어서 생성되는 것임을 알 수 있다. 개념이란 의식의 결정화이다.

레비나스는 존재론과 형이상학, 욕구와 욕망, 동일자와 타자, 전체성과 무한성을 구분하고, '절대적 타자'라는 새로운 자신만의 개념규정을 통해 철학의 '윤리로의 전회'를 추구한다. 하지만 이는 신을 설정한 칸트적 윤리의 현상학적 왕래(결과에서 원인으로, 대상에서 주체로)라고 볼 수 있다.

레비나스는 칸트의 '신' 대신에 절대적 타자로서의 '메시아'를 설정한 것이다. 메시아는 절대유일신의 본질을 현상학적 의미(대상적 의미)로 변형시킨 것으로, 하이데거적 존재론에서 다시 존재자로 복귀한 레비나스가 선택한 철학적 전략으로 받아들여진다. 말하자면 칸트의 선善의지, 혹은 절대선의 '원인적 동일성'을 '결과적 동일성'으로 옮겨놓은 것에 불과하다.

인과론이라는 것은 실은 '결과를 원인으로 보는 오류(과학이 오류의 역사인 것은 이 때문이다)' 혹은 '인과의 순서를 알 수 없는 순환론'의 의

도적 정지(절단)이다. 현상학의 업적이라고 하는 것은 결국 본질은 영원히 알 수 없으며, 그래서 현상이 본질이며, 순간(찰나)의 가상 실재(현상)를 무한대로 연장시켜가는 것이 현상의 세계, 인간의 세계 이해의 방식임을 밝힌 점이다.

레비나스의 업적은 단지 무한성을 존재론적으로, 또는 기독교적으로 재해석한 것에 불과하다. 전체성과 무한성의 분리는 일견 타당한 것 같지만, 실은 시간과 공간에 대한 이해의 부족에서 빚어지는 것이다. 전체성은 인간의 자기실현의 형태로 구축된 체계의 세계요, 타인들과 공유하는 세계질서이다. 무한성은 인간이 세계를 바라보는 시간과 공간의 체계이고 질서이다. 따라서 전체성과 무한성은 용어는 다르지만 인간이 구축한 체계라는 점에서 같다. 말하자면 이들은 모두 현재의 시공간의 확장개념에 지나지 않는다.

레비나스의 타자성은 여성성을 기반으로 하고 있다. 레비나스는 여성성 가운데서도 출산(여성의 재생산)과 갓난아이에게 구체적인 타자성을 부여한다. 아이의 출산은 익명적인 타자에 이름을 부여한다. 아이는 '타자가 된 나moi étranger à soi'인 것이다. 레비나스의 '아이의 출산'에 대한 관심은 모母-자子간의 관계, 즉 어머니가 자식을 낳는 행위를 중시함으로써 새로운 성격의 존재론과 구원을 제시하고 있다.

레비나스의 여성적 타자성은 니체에게서 영향을 받은 것으로 볼 수 있다. 니체는 진리의 여성성을 최초로 주장한 철학자였으며, "여성의 해결책은 임신이다."고 말하기도 했다.

니체와 레비나스는 시대의 차이는 있지만, 모두 역사적 변화와 흐름에 적응하느라 여성성에 대한 이해를 높였다. 하지만 그럼에도 여전히 가부장사회(국가와 권력의 지배사회)와 여성중심사회(신체와 무위자연의 사회)의 경계선상의 의식을 노정했다. 니체와 레비나스는 '자연의 여성성'에 도달하기에는 역부족이었다.

이 자연의 여성성은 철학哲學으로 달성될 수 있는 것은 아니라 동양의 도학道學에서나 가능한 것이기 때문이다. 자연의 여성성은 시학詩學의 은유로서도 달성될 수 있는 것이 아니다. 은유는 아직도 자연을 직관하거나 직감하는 단계는 아니기 때문이다.

니체의 초인은 종래 인식론의 수직적(공간적)인 초월이 아니라 현상학적인 무한대의 수평적(시간적)인 초월이다. 그래서 초인은 영원회귀와 동의어이다. 자연의 생멸은 그 자체를 그대로 받아들이면 되는 것이다. 그것에 삶의 확보와 안정을 위해 어떠한 방어도, 심지어 어떠한 부정도, 긍정도 해서는 안 된다. 예컨대 긍정을 하는 것도 일종의 인간적인 월권일 수 있다.

서양문명권 출신의 니체를 필자의 '언어-문명권 현상학'으로 보면, 동양문화권에 대한 이해를 통해 시詩철학자로서 시인詩人에 도달하는 궤적을 보였지만, 신선神仙에 도달하지는 못했다고 요약할 수 있다. 이것이 그의 한계이다.

니체 후, 현상학 계열의 마지막 세 철학자라고 말할 수 있는 데리다, 들뢰즈, 푸코는 저마다 한 영역을 담당하고 있다. 데리다는 기호적이고 유심론적인 연장선상에서, 들뢰즈는 기계적이고 유물론적인 연장선상에서, 그리고 푸코는 권력의 계보학에서 니체적 전통을 잇고 있다.

니체철학의 후계자임을 자임하는 데리다의 해체주의는 그중에서도 가장 허무한 것이다. 말하자면 니체의 허무주의를 가장 극복하지 못한 허무주의 철학이다. 니체철학은 허무주의가 아니고 허무주의를 극복한 긍정의 철학이며, 초인의 철학이다. 그런 점에서 새롭게 무엇을, 새로운 인간상을 잡기 위한 철학이다.

그런데 데리다의 해체주의는 아무런 새로운 것을 만들지 못하고 해체만 하는, 서양의 텍스트 문명을 해체하는 일종의 극심한 허무주의를 표방하고 있다. 그러한 점에서 현상학 중에서는 현상학적인 방법을 사용한 허무주의 현상학이다. 현상학 중에는 해체를 하지 않고 새로운 구성(구상)을 하는 현상학도 얼마든지 있다. 데리다의 해체주의는 아무런 해결이나 대안을 제안하는 것이 아닌 허무주의 현상학이다.

서양철학 전체를 상징적으로 말하면 여성(자연)을 소유의 대상(노예)로 바라보는 주체(주인)의 철학이다. 그런데 서양철학은 여성을 대상으로 바라보는 관음증(욕망)을 가지고 있고, 이것은 또한 자연을 바라보는 과학(이성)에서도 마찬가지지만, 정작 그 여성이 누구(어떤 남자)의 대상적 존재가 아닌 자연적 존재인지 모르는 것에 비유할 수 있다. 그런데 그 여성은 자연이고, 대상적 존재가 아닌 남성(인간)을 낳는 어머니로서의 여성인 것이다. 자연의 여성은 결국 어머니이다.

서양철학과 문명의 관음증과 과학이 여성을 어머니가 되게 하지는 않고, 말하자면 여성의 재생산을 요구하지는 않고 남성적 공장 생산을 강요하고 있다. 여성도 자신이 아이를 낳은 존재인지를 까마득하게 잊게 만든다. 세계는 남성화·기계화되어 있다. 생명은 기계로 대체되고 있고, 생명은 기계적으로 설명되고 있다. 생명은 자연의 본능(본성)에서 유래한다. 철학은 단지 자연에서 '삶의 이유(목적)'로 오해되기도 하는 '삶의 수단'을 제공했을 뿐이다.

서양철학은 '자연의 어머니'로 돌아갈 줄 모른다. 끝없이 아버지를 닮으려고 하거나 아니면 아버지를 부정하는 것에 골몰한다. 그들이 오이디푸스 콤플렉스에 걸려 있다고 해서 지구촌 문명 모두를 같은 콤플렉스에 걸려 있게 한다. 마치 세균처럼 말이다. 그런 점에서 기독교와 철학과 무기(과학)와 전쟁과 세균은 같은 것이다.

오늘날 지구를 지배하고 있는 기독교-자본주의는 바로 아버지이고, 기호이고, 권력이고 끝내 파시즘이다. 서양문명은 그만큼 아직도 '권력(기호)의 아버지'에 매달려 있다는 얘기이다. 이는 인류가 만들어낸 '추상적 질병'이다. 영혼불멸도, 영원회귀도 모두 인간의 욕망과 이성이 만들어낸 추상적 질병인 셈이다. 존재는 그냥 자연이다. 그래서 필자는 '존재'를 '자연적 존재'라고 부르면서, '존재' 앞에 '자연적'이라는 형용사를 붙였다.

현상학은 이성주의를 벗어난 것이 아니라 이성과 욕망의 정체를 폭로하는 철학이다. 현상학은 인간 사고의 두 가지 운동방향을 말하고 있다. 하나는 판단정지를 통해 존재를 거꾸로 환원reduction시키는 방향, '부負의 방향'이다. 이것은 비판과 부정의 방향이고, 노동의 방향이다. 다른 하나는 존재를 계속해서 앞으로 전진시키는 도전과 긍정의 방향이고, '정正의 방향'이다. 이것은 존재를 영원회 귀regression 시키는 방향이다. 그런데 두 방향은 가정된 원의 시원적 점(가상실재)에서 만나게 된다. 출발점이 도착점이 되는 것이다. 이것을 종합적으로 해석학적 순환이라고 말할 수 있다. 어느 방향이든 해석의 해석을 거듭한 것이라고 말할 수 있다.

레비나스는 하이데거에 의해 '기술적 사유' 혹은 '계산하는 사유'로 규정되어 버린 형이상학의 재건을 꾀하게 되는데 그 요체는 주체보다는 '나의 지배와 소유의 틀 안으로 환원할 수 없는' 타자와의 관계를 설정하는 일이다.

레비나스의 존재론이 끊임없이 '나'의 세계로 귀환하는 사고思考라면, 형이상학은 '나'의 세계에서 '나'의 바깥 또는 '나'와 절대적으로 다른 자를 향한다. 이러한 구분에 따라 레비나스는 존재론에 대한 형이상학의 우위를 말하며, '존재론의 전체성'에 대립되는 '형이상학의 무한성'을 강조한다.

레비나스의 전체성은 인간이 유한한 자기 인식의 체계 안에 모든 것을 내재화하려는 욕구에서 나타난다. 이때 그가 말하는 절대적 타자는 어떠한 수단으로도 지배할 수 없는 '절대적 외재성'을 지니고 있기 때문에 타자가 누구든 그의 생명을 존중하고 윤리적 관계를 맺는 길을 열어준다. 이처럼 레비나스에게 절대적 타자는 단지 공존해야 할 '다른 자아'가 아니라, 주체를 구성하고 변화시킬 수 있는 무한자이다.

서구의 전통적인 존재론에서 타자는 사고의 대상으로 '나'에 의해 그 존재의 의미를 부여받을 뿐이었지만, 레비나스에게 타자는 '나'에게 윤리적 책임을 갖도록 명령하고 호소하는 존재이다. 레비나스는 서구의 철학적 전통에 대한 성찰을 통해 현대 문명의 전체주의적 속성을 적시하면서 이를 극복할 수 있는 새로운 윤리학의 기초를 제시하려 했다. 이러한 레비나스의 사상적 지향은 "윤리학은 존재론에 앞선다Ethics precedes ontology."는 표현으로 압축된다. 레비나스의 윤리학은 후기근대에 다시 살아난 스피노자의 냄새를 풍긴다. 그런데 그 스피노자는 페미니스트로 변해 있는 스피노자이다.

레비나스 윤리학의 절대적 타자성은 또한 여성성에서 종합적으로 집대성된다. 그의 윤리학은 어떤 절대자가 인간에게 윤리를 요구하는 것이 아니라 인간 스스로 약자를 향하여 윤리적으로 되어야 한다고 주장한다. 이는 서양철학자로서는 보기 드물게 서양철학의 가부장-국가주의 성격의 밖에서 문제를 해결하려는 자세를 보인다는 점에서 매우 고무적이다.

철학에서 여성이 중심으로 등장하기 시작한 것은 니체와 하이데거에 의해 본격화되면서 레비나스에 이르러서는 절대적 타자(이것은 주체의 의미가 강하다)로 등장한 것이다. 그러나 레비나스의 절대적 타자라는 것은 기독교가 절대적 주체를 절대적 남성, 즉 '하나님 아버지'에 둔 것과는 정반대로 '남성'의 자리에 '여성'을 대체한 이동으로 보인다. 말하자면 '남성적 메시아'에서 '여성적 메시아'로서의 옮긴 것 말이다.

한 명의 예수(성자)에 의해 인류가 구원받을 수 없음은 지난 수천 년의 역사가 증명하고 있다. 그런 점에서 레비나스는 예수와 같은 구세주를 기다리자는 뜻이 아니라 우리 사회의 버림받은 자의 얼굴에서 예수의 얼굴을 발견하자는 뜻이다. 이는 인간 각자가 모두 스스로 구원자(메시아)가 되어야 함을 말한다.

이는 종래 구세주로서의 메시아(동일성) 개념이기보다는 각자가 메시아가 되는 현존적인 메시아 개념이라고 할 수 있다. 다시 말하면 예수라는 한 명의 희생자, 대속자를 통해 인류가 구원되어야 한다는 것이 역전되어 이제 인간 각자가 약한 자, 버림받은 자의 얼굴에서 구원의 의미를 깨닫고 메시아가 되어야 한다는 뜻이다. 따라서 구원의 성격이 수동적이 아니라 능동적으로 바뀌었다고 말할 수 있다.

레비나스는 그러나 전반적으로 유대인답게 기독교주의와 남성중심주의, 역사주의, 그리고 인간중심주의를 벗어나지 못하고 있다. 이는 인구의 폭증에서 비롯되는 모든 인간문제를 근본적으로 처방하지 못할 뿐만 아니라 자연의 황폐화와 산업화의 기계주의로 인한 인간성의 상실 등에 대해서는 아무런 대안도 마련하지 못하는 것이 된다.

그가 강조하고 있는 바, '인간의 얼굴'만이 무저항인 상태로 상처를 받음으로써 우리에게 윤리를 촉구하고 있는 것이 아니라 자연, 즉 만물이 그러한 폭력에 시달리고 있음을 각성함으로써 '인간의 윤리'에 그치는 것이 아니라 '생태적 윤리'로까지 확장되어야 한다. 이것이 보다 넓은 의미의 여성주의 철학일 것이다. 이제 윤리는 인간을 위한 윤리가 아니라 자연을 포함한 생태적인 윤리가 되어야 한다. 자연이야말로 가장 '큰 여성성'으로 은유될 수 있는 것이다. 여성은 흔히 자연으로 은유되고, 역으로 자연은 여성으로 은유되는 까닭이 여기에 있다.

앞에서도 말했지만 레비나스의 타자성은 여성성을 기반으로 하고 있다. 레비나스는 여성성 가운데서도 출산(여성의 재생산)과 갓난아이에게 구체적인 타자성을 부여한다. 아이의 출산은 익명적인 타자에 이름을 부여한다. 아이는 '타자가 된 나moi étranger à soi'인 것이다. 레비나스의 '아이의 출산'에 대한 관심은 모母-자子간의 관계, 즉 어머니가 자식을 낳는 행위를 중시함으로써 새로운 성격의 존재론과 구원을 제시하고 있다.

12장

마고신화에서
세계평화까지

"종교의 목적은 만민이 선한 사람이 되어 평화스럽게 살아갈 수 있는 하나의 세계를 이루는 것입니다. 평화의 여건은 어떠한 국제적인 정치가들의 손에 의해서 생겨나는 것이 아닙니다. 그러기에 어떠한 정책이나 주의에 의해 세계에 평화가 온다는 것은 불가능합니다. 더구나 군사력으로 인해 세계의 통일과 평화가 온다는 것은 불가능한 것입니다. 평화의 기점을 발견할 수 있는 근거지, 행복의 기점을 발견할 수 있는 그 근거지는 여러분이 살고 있는 가정입니다."

—『天聖經』, 1082쪽

'세계'에서
'자궁'으로

　　마고신화는 오늘날 인류에게 많은 시사점을 준다. 특히 인류가 어떻게 하면 평화를 달성할 수 있을 것인가에 획기적인 아이디어와 모멘트를 제공해 준다고 말할 수 있다. 인간의 사회가 오늘날처럼 소유와 갈등과 전쟁에 휘말리게 된 것은 가부장-국가사회로 진행하고부터라는 것에 반성적 사유를 하게 한다.

　　지구상에 여성신화는 많이 흩어져 있지만 한국만큼 모계신화가 원형을 고스란히 보존한 채 체계적으로 남아 있는 곳은 없다. 마고신화는 더욱이 기독교 성경신화의 원형신화로서 해석되기도 한다. 몇 가지 신화소만 바꾸면 줄거리는 거의 같다고도 말할 수 있다.

　　인간은 결코 '세계에 던져진 존재'가 아니다. 인간의 몸 자체, 삶자체가 바로 자연이라는 자궁을 근거로 시작해서 자리를 틀고, 육아와 교육과정을 통해 사회로 진출하기까지 수많은 어머니의 손길을 거쳤던 것이다. 그런데 20세기 최고의 철학자 하이데거는 인간을 '세계에 던져진 존재'라고 하였다.[1] 하이데거는 왜 인간의 실존성을 그렇게 규정했을까? 인간은 어머니의 자궁 밖으로 나오면서 벌써 생존을 위한 전쟁터에 던져졌다고 생각하는 것일까.

인간이 만들어온 역사, 특히 가부장의 역사는 요약해서 말하면 전쟁이라는 말로 대변된다. 그래서 '신들의 전쟁'의 역사이다. 물론 전쟁의 사이사이에 평화도 있었지만 그것은 전쟁의 잠시 멈춤이었을 뿐, 인류사는 전쟁의 역사로 점철되어 왔다. 전쟁이 없었거나 세력균형에 의해 그런대로 '평화시절'이었다고 이름 붙일 만한 시절은 도리어 하나의 패권국가가 역사에 등장해서 소위 '팍스Pax=peace'자가 머리에 붙은 시절, 즉 한 나라의 패권에 의해서 세계의 평화가 유지되던 시절을 말한다. 팍스-로마나Pax-Romana, 팍스-아메리카나Pax-Americana, 팍스-시니카Pax-Sinica 등이 그 좋은 예이다. 팍스Pax=Peace에는 평화의 의미가 있지만 패권국가인 한 나라를 중심한 세계체제가 될 때 세계질서와 평화가 유지된다는 의미를 내포하고 있는 것이다. 미국과 소련이 양극체제를 이루었을 때는 냉전양극체제로 항상 세계가 긴장상태를 이루었고, 항상 일촉즉발의 전쟁위기가 감돌았다.

남성중심, 가부장-국가(제국)사회는 어쩔 수 없이 전쟁을 안고 사는 체제였다고 말할 수 있다. 인간이 자연의 생존경쟁에서 만물의 영장이 된 이후, 그 경쟁체제는 인간 종 내부로 투사되어 이른

---

1. 하이데거의 인간 현존재 근본구성틀, 즉 세계-내-존재(In-der-Welt-sein)에 대한 자세한 내용은 다음을 참조. 조형국, 『하이데거의 삶의 해석학』, 채륜, 2009.

바 권력경쟁체제로 변하였다. 그 권력경쟁은 흔히 전쟁으로 역사에 드러났다.

권력경쟁은 역시 남성중심 사회의 모습이다. 남성중심 사회에서의 인간의 실존성을 혹시 '세계에 던져진 존재'라고 규정한 것은 아닐까. 그러나 과연 인간은 세계에 던져진 것일까. 그래서 생의 시작과 더불어 불안과 죽음에 대한 공포와 고통과 두려움을 안고 살았던 것일까.

지구 전체인구가 5천만 명도 안 되던 시절에서 70억 명을 육박하고 있는 현재를 생각하면 그 많은 인구가 먹고살기 위해서는 치열한 생존경쟁을 벌이지 않을 수 없었을 것도 같다. 농업혁명, 산업혁명, 정보화혁명도 실은 과학기술의 발전 덕분이라고 하지만, 그 이면에는 수많은 인구(개체군)를 먹여 살리기 위해 인간 종이 그만큼 치열하고 심한 노동과 활발한 교환을 하지 않으면 안 되었던 생존조건이 그러한 혁명을 유도했는지도 모른다. 이렇게 생각하면 지나온 역사를 함부로 비판할 수도, 일방적으로 매도할 수도 없다. 모두 이유가 있어서 그렇게 되었을 것이라고 유추하거나 잠정적으로 긍정할 수밖에 없다.

그런데 문제는 이제 인간이 계속해서 경쟁하고 전쟁을 하면서 살아가는 종래의 패턴을 고수하게 된다면 가공할 무기체계로 인해서, 인간의 포악함으로 인해서 인간 종이 더 이상 지구상에서 종을 영속하지 못할지도 모른다는 염려가 앞서기 때문이다. 삶의 수단이 아니라 삶의 목적 자체를 통째로 바꾸지 않으면 멸종의 위기를 면할 수 없을지도 모른다. 세계가 생존경쟁, 권력경쟁의 장으로서는 더 이상 인구를 유지하기에는 포화상태에 있다는 말이다. 맬서스의 인구론이 시사하듯이 인구조절을 위한 전쟁을 감수하거나 다른 천재지변을 기대할 수밖에 없는 것일까.

그것보다는 인간 스스로 철학적으로 다른 모색을 해보는 것이 훨씬 지혜롭고 인간다운 모습일 것이다. 지구상에 식량이 모자라서 기아에서 허덕이고 아사자가 속출하는 것이 아니라 인간의 인간외면과 이기주의, 족벌주의despotism, 자민족중심주의, 국가주의, 제국주의 등이 사망자와 전쟁난민을 발생시키고 있는 것이다.

남성중심의 사회를 철학적으로 '시각-언어-페니스-전쟁' 중심사회라고 말할 수 있을 것이다. 이에 대립되는 것이 바로 여성중심의 '청각-상징-버자이너-평화' 중심사회이다. 여성중심의 사회가 되면 적어도 남성중심보다는 경쟁과 전쟁이 덜해질 것이고, 과잉생산과 환경파괴 등이 줄어들 것으로 짐작된다. 여성은 본질적으로 전쟁을 위해서 태어난 존재가 아니다. 여성의 아기 생산을 위한 신체적 시스템은 이를 잘 말해주고 있다. 부드러운 가슴, 자궁을 포함한 탄력 있는 풍성한 둔부 등이 어떻게 전쟁을 위하는 것이 될 수 있다는 말인가. 그래서 전쟁이 발생하면 아이와 여성이 가장 많은 피해를 보기 마련이다.

이에 비해 남성은 태생적으로 전쟁기계가 될 소질이 풍부한 편이다. 신체보다는 대뇌 중심의 시각-언어적 사고와 그로부터 유래되는 매우 현상학적인 태도, 즉 주체-대상의 이분법을 비롯해서 수학적-자연과학적 사고의 확실성을 바탕으로 하는 삶의 구성적 태도는 오늘날 극단적인 인간성 소외의 기계문명을 만들었다고 볼 수 있다.

세계를 너무 확실하게 보려는 남성적 태도는 이제 한계에 부딪히고 있다. 세계가 과연 그렇게 확실성(실체성)의 토대 위에 있는 것일까. 이는 두말할 것도 없이 인간이 그렇게 확실성을 토대로 구성한 세계이다. 문제는 그러한 세계가 이제 살인적인 기계주의와 전쟁기계로 인해서 자칫 잘못하면 인간 종을 종말로 유도할 수도 있다는 위기감이 팽배하고 있다.

세계는 더 이상 남성주의가 이룩한 확실성(실체성)을 토대로 한 '의미-존재'의 세계가 아니라 차라리 '무의미-웹'의 세계라는 것이 증명되고 있다. 여기서 무의미라는 것은 의미가 없다는 뜻이 아니라 인간이 규정한 의미대로의 제한된 세계가 아니라는 뜻이다. 그런 점에서 세계는 애매모호한 이중적인 세계이며, 이러한 특성이 더 이상 자연과학적 사고로 인해서 무시되어서는 안 된다는 경종에 귀를 기울일 필요가 있다.

현상학적으로도 물리학적인 차원이 아니라 의미론으로 보면 세계는 애매모호한 이중적 세계이다. 여기에 한 수 더 떠서 존재론적 차원에서 보면 세계는 '무無의 세계'이다. 인간의 철학이 현상학적 정신학이나 의식학에서 빠져나와 다른 사고를 하지 않으면 더 이상 마음의 평화를 이룰 수 없다는 것이 증명되고 있다. 마음心은 세계를 주체-대상의 이분법으로 대하지 않는다. 마음은 세계의 사물物을 본래 하나였던 것으로 보는 길을 열어준다. 말하자면 세계는 본래 심물일체心物一體의 세계이다. 세계의 출발(시작)이 하나라면 그 이후의 모든 심물心物은 하나일 수밖에 없다. 인간의 정신이 괜히 이를 둘로 나누었던 셈이다.

진정한 본래적 하나는 인간이 인위적으로 찾은 어떤 것이 아니라 본래 자연에 주어져 있는 것이다. 그런 점에서 본래적 존재는 인간의 머리에 의해 구성된 어떤 것이 아니라 자연에 흩어져 현존하는 것들이 모두 본래적 존재이다. 이렇게 생각하면 어떤 답이 떠오른다.

세계는 '인간이 던져진 세계world'가 아니라 '인간을 탄생시킨 자궁web'이다. 세계는 인간을 던지기 전에 미리 잉태하여 탄생시킨 자궁이다. 세계가 인간을 탄생시키지 않았다면 인간이 어떻게 존재하는가? '인간이 던져졌다'고 하는 것은 인간의 생각일 따름이다. '던져졌다'고 생각하는 자체가 바로 인간성의 본래적인 존재의 성격이라기보다는 비본래적, 즉 탄생 이후에 얻어진 존재의 성격이라는 것을 말해준다.

또한 세계라는 말 속에 이미 자궁의 뜻이 함유되어 있다. 세계라는 것은 인간을 둘러싼 아포리아적 환경이기 때문이다. 그런데 그 세계를 인간이 현상학적으로 규정하는 바람에 '세계 내에 던져진 존재'가 되어버렸다. 이를 존재론적으로 규정하면 세계는 안과 밖이 없다. 안과 밖이라는 것은 세계를 이미 이분법적으로 갈라놓은 현상학의 결과이기 때문이다.

현상학은 세계를 이분법적으로 보면서도 동시에 애매모호한 이중성으로 본다. 여기서 오늘의 과학처럼 이분법적으로 보기보다는 애매모호한 이중성으로 바라볼 필요가 있다. 애매모호한 이중성의 세계에 본래적 존재가 들어 있기 때문이다.

인간을 탄생에서부터 생각하면 분명히 '자궁-내-존재'이다. 이 때 자연은 자궁 역할을 했을 뿐만 아니라 자궁이라고 말할 수 있다. 우리는 흔히 자궁이라고 하면 조그마한 세계라고 생각하는데 이를 세계처럼 생각할 수도 있다. 즉 '자궁=세계'인 것이다. 세계와 자궁은 대소를 따질 수 없는 관계에 있지만 세계가 큰 것처럼 생각하기 일쑤이다. 세계의 탄생을 자궁의 탄생에 비유할 수 있다.

세계라고 하는 것은 이미 세계에 대한 남성적-시각적 규정이다. 말하자면 남성은 이미 세계를 자신의 밖에 존재하는 대상의 세계로 규정하고 있다. 그럼으로써 자신도 저절로 세계 내에 존재하게 되는 것이다. 그래서 자신을 '세계에 던져진 존재'라고 규정하는 것은 남성적 존재규정이라고 말할 수 있다.

그렇다면 여성은 어떤가. 여성은 세계를 자신과 분리된 존재로 여기지 않고, 교감하는sympathetic 존재, 즉 교감의 세계로 받아들이고 있다. 이는 세계를 자신의 존재의 밖에 두는 것이 아니라 안팎이 없는 상태에서 하나의 몸처럼 교감하는 세계로 체화하는 것이다. 그래서 여성은 세계와의 거리두기에 익숙하지 않다. 세계는 대상이 아닌 주객일체의 세계이다.

세계를 세계라고 하면 '세계-내-존재'가 되고, 세계를 자궁이라고 하면 '자궁-내-존재'가 된다. 인간을 규정할 때 '세계-내-존재'라는 말보다 '자궁-내-존재'라고 말할 때 우리는 더 행복함을 느낀다. 자궁은 인간의 평화의 안식처이고, 존재적(생성적) 세계를 경험하는 유일한 세계이다.

'자궁web'은 '우리we'의 뜻을 내포하고 있다. 인류학적으로 볼 때, 모계사회에서는 여성의 자궁이야말로 세계의 중심이었다. 그래서 당시 세계의 신도 여신이었다. 그리스 신화에 나오는 가이아는 대지의 여신이었다. 대지의 여신보다 더 오래된 여신은 한국의 마고신화에 나오는 마고麻姑이다. 모계사회에서는 공동체가 하나의 자궁가족이라고 말할 수 있다. 위we라는 말의 어원을 추적해보면 자궁web과 한 뿌리임을 발견할 수도 있을 것이다.

세계가 비인간적으로, 기계적으로 삭막한 것은 인간이 세계를 그렇게 만들었기 때문이다. 세계를 주체-대상으로 해석하는 것은 세계를 이분화한 것이고, 그 이분화의 성공적인 결과는 과학문명이지만, 그것의 부산물적인 실패는 바로 세계로부터의 인간의 소외이다. 과학문명과 인간소외는 손등과 손바닥의 관계에 있다.

바로 과학 하는 것, 세계를 현상학적으로 바라보는 것은 세계의 근본(본질)을 무화시키고 존재의 뿌리를 망각하는 행위로서 결과적으로 인간을 물신적物神的 존재로 변질시키고 말 것이다. 그 물신의 시작은 바로 신의 현상화에서 출발하고 있다. 현상화된 신은 바로 물신이며, 우리시대에 물신들은 너무 많다. 신은 물론이고, 우상, 화폐, 매스미디어 등 생활주변을 둘러싸고 있는 모든 환경이 물신이다.

문제는 물신物神의 이면에 다른 것, 즉 본래적인 신神이 있음을 알아야 한다. 이 본래적 신은 은적하는 신이며, 침묵하는 신이다.

눈으로 확인하고visible, 언어로 확인하는verbal 신은 본래의 신이 아니다. 그래서 신을 섬길 때에도 항상 물신을 경계하여야 하고, 물신의 이면에 숨어있는 신물神物을 발견하여야 한다. 신물은 현존하는 신으로서 잡을 수 없고, 이용할 수가 없다. 그래서 인간은 이용할 수 있는 신을 만드는데 이것이 바로 물신이고 우상이다.

인간의 상상계는 거울의 이미지처럼 항상 그 대상 혹은 언어 혹은 물신을 통해 존재를 발견하게 한다. 그러나 그러한 상상계의 존재는 가상존재로서 실제의 존재가 아니다. 인간의 문명은 그러한 가상존재의 여러 가지 변이(변형)들을 만들어서 살아가는 체계이다.

거울의 존재는 가상의 존재이다. 마찬가지로 의식의 존재, 인식의 존재는 가상의 존재이다. 자궁의 존재만이 실지로 생성의 존재로서 자연의 상속자인 것이다. 그런 점에서 여성적인 것들만이 생성과 자연의 상속자인 것이다. 세계를 자궁으로 바라보는 것은 이 때문에 필요한 것이고, 과학문명의 심각한 폐해를 앞두고 있는 인류가 새롭게 회복해야 하는 것은 문명의 르네상스가 아니라 원시반본이다.

세계를 정신(의식과 인식)으로 바라보지 않고, 마음(몸)으로 바라보는 것은 철학적으로 우리 시대에 요구되는 가장 절실한 문제이다. 세계는 생성 그 자체이다. 그런데 생성 그 자체는 잡을 수가 없다. 생성 그 자체는 흘러가는 것이기 때문이다.

마음이라는 것은 상상력 혹은 상상계와는 다르다. 흔히 마음이라고 하면 상상의 세계 혹은 상상계를 떠올리게 되는데 상상계는 실은 거울효과(거울, 시각, 사진)를 일으키는 세계로서 결국 현상계를 말한다. 그러나 마음은 현상계가 아니라 현존을 말한다. 현존이라는 것은 거울이나 시각이나 사진의 '사물을 대상으로 하는 사물현상'을 말하는 것이 아니라 주체와 대상의 대립이 없는 '세계 그 자체'를 말한다.

말하자면 존재의 은적이 포함된(존재의 전체가 숨어 있는) 존재의 드러남인 현존을 말하는 것이다. 현존은 사물을 대상으로 보는 것이 아니라 존재 그 자체를 기뻐하고 신비롭게 바라보는 것을 말한다. 현존을 결코 소유할 수 없다. 존재의 생성적인 모습이기 때문이다. 상상계는 인간이 가진 별도의 시공간으로서 사물을 대상화하고 인식하고 소유하려고 한다. 마음은 별도의 시공간을 만드는 것이 아니라 자연의 모습 그 자체를 기뻐한다.

인간은 자신의 정신의 크기만큼 신을 본다. 절대와 소유는 본질적으로 우주의 부분이다. 집은 소유와 존재(자연)의 경계에 있다. 소유에 길들여진 인간은 소유를 통해서 존재를 확인하고, 존재에 길들여진 인간은 존재가 소유의 바탕임을 안다.

'평등'이 아닌
'평화'로

　서양의 소유의 철학이 인류문제의 해결로 제안한 것은 마르크시 즘의 평등이다. 평등이야말로 갈등과 전쟁을 없애고 이상적인 공 산사회를 건설할 수 있다는 주장이었다. 그러나 마르크시즘의 평 등이란 결국 파시즘을 생산하고 말았다. 전체주의의 현상화는 바 로 파시즘이었던 것이다. 그래서 평등이 아닌 평화가 요구되고 있 다. 평화란 철학적으로 무엇을 뜻하는가.

　　"추상이란 여러 개의 사실로부터 개별적이고 실존적인 요소를 버리고 동질적인 면만을 모아서 하나의 뭉뚱그려 진 관념을 형성할 때 생기는 것이다. 추상의 정신 l'espirit d'abstraction인 이데올로기의 예를 현실세계에서 들어보자. 공산주의 세계에서 주장하는 계급의식과 계급투쟁은 이른 바 추상의 정신이 정치화된 대표적인 표본이다. 그러한 공산주의적 계급이념에 의하면 인간에게는 단지 계급적 도식에 의하여 자본가냐 아니면 무산대중이냐 하는 두 가지의 본질밖에 없는 것이다. 그런 전제 아래서 모든 구체적인 인간은 두 가지의 카테고리로 분류되고 적대적 행위와 전쟁이 정당화되어진다. 그뿐만이 아니라 우리가 자유세계라고 부르는 민주주의 사회 영역 안에서도 추상의 정신이 엄청난 힘으로 퍼져가고 있다. 우리가 민주주의라고 부르면 일반 대중은 말할 것도 없고 심지어 정치학자들도 안일하게 그것은 곧 평등의 원리라고 대답하는 것을 들을 수 있다. 그런데 이러한 평등의 원리가 민주주의 이념가에 의하여 이데올로기적으로 공허하게 장식되고 있지 않은가 하고 심각하게 물어볼 필요가 있다. 즉, 평등의 원리가 불법적으로 구체적인 인간들에게 적용되어지는 것이 아닌가 하는 점이다."[2]

평등의 원리는 추상의 세계인 과학의 등식의 원리를 인간사회에 역으로 적용한 것이다. 마르크시즘이 과학적 사회학이라고 명명되는 것조차 실은 과학에 의해 역으로 제압당한 인문학의 모습이라고 하지 않을 수 없다. 평등은 쉽게 말하면 사회학에서 자연과학의 현상적 실체와 동일한 의미인 동일성을 추구하는 것이라고 하지 않을 수 없다.

---

2. 김형효, 『평화를 위한 철학(김형효 철학전작1)』, 소나무, 2015, 16쪽.

과학이라고 하면 '신'의 새로운 대안처럼 현대인이 떠받들지만 실은 과학은 추상적 괴물이라고 하지 않을 수 없다. 그래서 평등 대신에 형제애fraternité가 평화에 접근하는 길인 것으로 여겨진다.

> "형제애의 철학이란 모든 인간이 한 형제로서 자기에게 결핍된 질적 요소를 다른 형제에게서 발견할 때 기뻐하는 그런 정신의 철학이다. 이미 프랑스의 마르셀이 형제애와 평등의 차이를 다음과 같이 명쾌하게 분석한 바 있다."[3]

고 김형효는 마르셀의 형제애를 해석한다.

> "평등은 자기를 내세워봄prétention과 원한revendication같은 일종의 자발적인 주장으로 변하게 된다. 예를 들면 '나는 너와 같다.'라든지 또는 '나는 너에게 못지않다.'라고 주장하는 경우다. 다른 말로 표현하면 평등은 자기 자신의 분노 어린 의식 위에 축을 박고 있는 것이다. 그와 반대로 형제애는 타인에게도 공히 향하고 있는 것이다. 여기서는 모든 의식이 타인에게로 이웃에게로 지향되는 것같이 나타난다."[4]

따라서 현대사회에서 형제애의 강화를 위해서는 '교육의 생명을 경쟁을 통한 능률에서 형제애'에 의한 협력으로 옮길 것과 '관념

---

3. 김형효, 『평화를 위한 철학(김형효 철학전작1)』, 17쪽.
4. 김형효, 같은 책, 17쪽.

종교의 제단으로 형제애를 희생'시켜서는 안 된다고 김형효는 말한다.[5] 김형효는 평등의 이데올로기를 경계한다.

"확실히 철학이 현실의 정치 세력에 편승 또는 깊숙이 관계를 맺게 되면 이데올로기로 빠질 위험이 짙다. 철학의 정신과 생명이 모든 정치적·종교적·이데올로기적 편견에서 해방된 자유의 정신 그것이라면, 이미 이데올로기나 무슨 주의·이념으로 변한 철학은 정신의 자유스러운 혈액순환을 막는 동맥경화증에 걸리거나 또는 사고思考의 화석이 되기 쉽다는 말이다."[6]

평등의 이데올로기는 동일성을 추구하는 것이고, 동일성이 정치적으로 추구될 경우, 전체주의에 빠질 것은 예고된 것이나 마찬가지이다. 소련의 붕괴는 그 좋은 예이다.

"소련에서 공식적으로 철학이 사라진 지 오래다. 남은 것은 마르크스-레닌주의라는 이데올로기밖에 없는 것이다. 그러나 신비스럽고 심원한 사상의 향내 짙은 전통을 지닌 러시아 민족에게 마르크스-레닌주의의 이데올로기가 그 민족의 철학적 요구를 말살시키지는 못했다. 소련의 정치제도에 반항하기에 정신병자로 취급받아 강제로 격리 수용되어 유배된 자유 지성인들이야말로 '진리

---

5. 김형효, 같은 책, 18쪽.
6. 김형효, 같은 책, 19-20쪽.

의 정신l'esprit de vérité'을 배반하지 않으려는 평화의 인간들이라고
할 수 있다."[7]

김형효는 이데올로기를 평화의 적으로 규정하는 것을 서슴치 않
는다.

> "이데올로기에 의한 모든 비난과 분류는 철학과 '진리의 정
> 신'에 등을 돌리는 '추상의 정신'이요, 전쟁의 정신이다. 형
> 재애의 철학은 적어도 이 대지가 인간이 손잡고 즐길 수 있
> 는 인간의 대지가 되도록 하는 길이 아니겠는가."[8]

7. 김형효, 같은 책, 21쪽.
8. 김형효, 같은 책, 22쪽.

가정은 평화의
'자궁가족'

　형제애라는 것은 기본적으로 가정에서 출발하고 있다. 다시 말
하면 가정에서의 평화를 사회로 확대시키거나 그것의 모델로 생각
하고 있는 것이다. 형제애라는 개념에는 물론 부모가 전제되어 있
다. 부모-형제애는 참으로 자연이 모든 동식물에게 부여한 가정
혹은 가족을 바탕으로 하는 존재론적인 개념이다. 부모형제는 인
간이 인위적으로 만든 것이 아니라 자연과 문명의 경계에 있는 개
념이며, 가장 자연적 존재에 가까운 개념이다.

　흔히 사회학에서는 가족을 사회의 가장 기초단위로 생각하는데
이는 매우 사회조직구성적인 해석이며, 사회학적으로 정향된 개념
이다. 그러나 가족은 사회학적인 개념이기에 앞서, 다시 말하면 제
도적인 개념이기에 앞서 자연적인 존재의 차원에 있다. 사회제도
적인 개념은 이미 존재자인 반면 자연적 존재는 그대로 존재이다.

　평화가 무엇인지를 탐색하기 위해서는 가정에 대한 존재론적인

해석이 요구되는 것이 오늘의 인류사회의 소외현상 혹은 전반적인 물신화를 푸는 열쇠가 될 것으로 짐작된다.

> "세계의 모든 각양각층의 사회들이 보편적으로 추구하는 목표가 있다면 그것은 곧 평화다. 전쟁을 도발하는 집단들도 언제나 그들의 행동을 합리화시키기 위하여 평화의 새로운 설정을 내세운다. 마치 평화를 이룩하기 위하여 전쟁을 하는 것처럼 그들은 주장한다. 그러나 진실로 선의의 모든 영혼이 원하는 평화는 전쟁의 일시적인 휴전이나 냉전상태와 같은 적막감이 아니다. 참다운 평화는 지상에 사는 모든 사람의 의지를 만족시켜주는 것이어야 한다. 그런데 그러한 상태를 바란다는 것은 유토피아적인 꿈이다. 또 사실상 지상에 거주하는 인간의 조건으로써 모든 사람의 의지를 만족시켜준다는 것은 관념적 이론에 불과하다. 그러기 때문에 모든 사람이 한결같이 만족한다는 외적 요인의 기하학적 차원보다는 나 자신의 주체성 문제에서부터 평화의 얼굴을 음미해야 할 것이다."[9]

김형효는 자아의 선의를 근간으로 하는 주체적 형이상학의 정립을 요구한다.

---

9. 김형효, 같은 책, 23쪽.

"자아의 선의가 겨냥하는 형이상학은 타아들로부터 고립된 주체성의 형이상학도 아니요 역사 속에 실현된다는 무인격적인 '이성의 간지奸智도 아닐 것이다. 그러므로 자아의 주체적 존재를 선의로 정립한다는 것은 자아의 주체적 존재를 내적으로 파악하고 그러한 내적인 자기의 인식이 동시에 바깥으로 향하는 나의 주체적 제스처와 구별되지 않을 때이리라. 따라서 선의의 주체적 형이상학은 그 표정의 현상학과 일치하게 되는 것이다. 만약에 우리가 르누아르의 미술 작품에서 여자의 육체가 보여주는 다사로운 훈기를 느낀다면 그것은 곧 여자의 주체의 내면성이 선천적으로 지니고 있는 풍요성의 현상現象이다."[10]

김형효가 르누아르의 여성을 대상으로 한 작품을 예로 든 것은 시사하는 바가 크다. 여성은 이미 주체적인 내면성으로서 평화와 풍요를 현상하고 있기 때문이다. 김형효는 평화란 주체의 상이한 복수성을 인정하는 선의 속에서 생기는 것이라고 말한다. 그런 점에서 그는 '가정의 신비'를 높이 평가한다.

"평화란 복수성의 통일로서 그러한 통일은 '열린 통일l'unité ouverte'이지 '닫힌 통일l'unité close'이 아닌 것이다. 열린 통일로서의 평화는 전쟁을 하는 남자들의 지친 피곤에서 이루

---

10. 김형효, 같은 책, 23-24쪽.

어지는 전투의 종말도 아니며 일방의 패배와 타방의 승리라는 이원적 구조와 동일시될 수도 없는 것이며, 한 곳에서는 장송곡과 무덤으로, 다른 곳에서는 승리의 으쓱대는 제국의 꿈으로써 올리는 축제와도 일치할 수 없는 것이다. 무엇보다도 참다운 뜻에서의 평화는 나의 주체적인 평화에서부터 발단되어야 한다. 그러므로 평화는 언제나 낱말의 정직한 뜻에서 나의 평화이어야 하고 또 그러한 나의 평화는 나로부터 나와서 타인에게로 가는 관계 속에서 정립되어야 한다. 나로부터 나오는 주체적 평화가 타인과 풍요한 관계를 맺게 되는 그러한 윤리가 바로 '가정家庭의 신비'다."[11]

가정은 국가보다도 더 형이상학적으로 인정받을 수 있는 존재라는 것을 김형효는 강조한다.

"가정은 국가의 구조와 기구의 밖에서도 그 실재적 가치를 형이상학적으로 인정받을 수가 있다. 즉, 가정이란 실재는 플라톤처럼 국가의 구성을 위하여 희생시켜야 할 감각적 허구도 아니며 헤겔이 생각하였듯이 국가의 윤리를 실현하기 위하여 사라져야 할 시대적 계기도 아니다."[12]

가정의 신비는 평화의 형이상학과 긴밀한 유대를 갖는다.

---

11. 김형효, 같은 책, 25쪽.
12. 김형효, 같은 책, 25쪽.

"평화의 형이상학은 인간의 안팎이 혼용되어 하나의 장場을 형성하는 데서 해명되어야 한다. 그러기에 한 주체의 자기섭취와 환경 속에서 의외적 요인의 섭취 사이에는 하나의 변증법적인 관계가 놓여있다고 보아야 하겠다. 그래서 평화의 정치학과 경제학은 평화의 의식 내지 평화의 심리학과 나란히 가면서 이원적 일원一元의 경향을 띠게 된다."[13]

평화의 심리적 주체는 자아이긴 하지만 과학적 객관성의 진리를 밝히는 데카르트의 자아가 아닌, 주체적 내면성을 긍정하는 자아이다. 김형효는 자아의 스스로에 대한 긍정을 위해 맨 드 비랑의 주장을 인용한다. 비랑은 데카르트와 달리, 자아란 '동적動的 노력 l'effort moteur' 속에서 스스로를 구성한다고 생각했던 인물이다.

"인격적인 자아가 깨기 시작하는 것은 자신의 동적인 노력에서인데 비랑은 그것을 '시원적 사실le fait primitif'이라고 불렀다. 모든 인간의 주체적 의식은 자신의 움직임을 '시원적 사실'로서 가지고 있기에 비랑에 의하면 모든 의식은 제스처적인 성격을 띠게 된다. 따라서 제스처는 모든 의식의 외면화를 위한 기관器官이 된다."[14]

---

13. 김형효, 같은 책, 26쪽.
14. 김형효, 같은 책, 27쪽.

주체로서의 자아는 대상으로서 다루어져서는 안 된다. 자아가 주체로서 이해된다는 것은 자아야말로 외부환경과의 접촉 속에서만 자신을 인식할 수 있음을 말한다. 주체로서의 자아는 '개선하는 자아le moi triomphant'가 아니라 '싸우는 자아le moi militant'이다.

> "노력이 끝나는 날 자아의 운명은 신으로 승화하든지 사물의 세계로 전락하든지 둘 중 하나가 된다. 그러므로 노력의 자아는 매 순간마다 자신을 스스로 형성해야 하는, 그렇지만 자신을 완전히 파악할 수 없으면서도 자신을 스스로 선택하여야 하는 자아다."[15]

'신으로 승화'나 '사물로의 전락'은 김형효의 입장에서는 서로 다른 것 같지만 필자의 만물만신萬物萬神의 입장에서는 같은 것이다.

주체로서의 자아가 대상으로 다루어지지 않기 위해서는 주체의 여성성 혹은 여성성의 주체성이 새롭게 부각되어야 한다. 남성적 주체는 가부장제 이후 사물을 대상으로 볼 뿐만 아니라 특히 여성을 대상으로, 혹은 소유물로 다루어왔기 때문이다. 여성성 자체가 사물을 대상으로 보기보다는 심물일체로 바라보는 교감적 특성이 있다. 여성은 사물과 환경을 교감체로 느낌으로써 사물을 존재(생성)로서 바라보는 데에 선구적 역할을 한 편이다.

---

15. 김형효, 같은 책, 27쪽.

따라서 평화를 구체적으로 실현하기 위해서는 역사에서 여성성을 확대하는 것이 가장 효과적이다. 즉 여성의 사회진출과 역할을 그 어느 때보다 과감하게 증대하여야 하며, 종국에는 남성중심에서 여성중심으로 세계사의 흐름을 바꾸어 놓아야 한다.

가정,
평화의 전당

　여성은 무엇보다도 가정의 평화와 평화로운 공동체를 기원하는
존재이다. 이는 무엇보다도 출산과 육아를 담당하는 삶의 조건 때
문이다. 여성은 또한 이런 역할을 위해서 신체가 준비되어 있는 존
재이다. 그런 점에서 평화로운 환경과 거주공간은 무엇보다도 우
선적인 삶의 구비조건이다.

　"인간의 자유는 자기가 창조하지 않는 것을 맞이함으로써
　이루어진다. 그러기에 자유는 의식적 의지와 무의식적인
　의지의 상호대화에 의하여 규정되는 장 속에서 핀다고 하
　겠다. 이와 마찬가지로 평화에의 형이상학도 인간의 형이
　상학이기 때문에 주체적이고 의지적인 지평을 넘어서 비자
　아와의 교섭에서 생기는 환경의 의미를 물어야 한다. 자유
　가 자기가 만들지 않는 것에 동의함으로써 성립되는 것과

마찬가지로 평화의 여정 역시 주체가 의지적으로 마음대로 할 수 없는 어떤 분위기를 마중함으로써 짜이는 것이다. 다시 말하면 평화의 주체의식은 그 의식을 제어하고 있는 환경에 관여하고 있는 것이다. 그 환경, 즉 평화의 환경은 가정家庭으로서 제기된다."[16]

인간의 구체적인 삶은 가정에서 이루어진다. 가정의 친밀성은 항상 주위에 현존적 분위기를 감돌게 한다. 현존은 대상화되지 않는 현상으로서 존재를 직접적으로 느끼게 한다. 말하자면 '가정=평화'이다.

가정은 아기가 탄생하는 공간으로 가장 현존과 존재를 동시에 느끼게 하는 곳이다. 아기는 일종의 자연의 선물과 마찬가지이며, 가정은 아기의 탄생으로 인해서 창조적이고 신비로운 공간이 된다. 그 아기는 부모로부터 물려받은 유전인자로 인해서 부모의 동일성과 차이성을 동시에 가지고 있는 독립적인 존재로서 종의 영속성을 보장하는 존재이다.

말하자면 아기는 공장의 생산품(가상존재)과는 본질적으로 다른, 우주적 실재로서 우리 앞에 최근에 생성된 위대한 존재로서 자리하게 되는 것이다. 여기에 인성과 신성은 함께 자리한다. 그런 점에서 가정은 참다운 교회와 같은 것이다.

폭력과 권력은 동일성과 연대해서 발생하기 때문에 동일성과 차

---

16. 김형효, 같은 책, 36쪽.

이성이 공존하는 가정은 폭력에서 가장 멀리 떨어진 곳이다. 물론 가정에도 폭력이 있지만 이는 사회적 폭력이 역으로 감염된 사회병리현상에 속한다.

> "주체로서의 나의 존재가 나 아닌 세계에 분리할 수 없을 만큼 긴밀하게 이루어지는 상호 교호 속에서 가정의 신비는 드러난다. 그러기에 나의 존재는 나의 가정의 분위기이며 또한 나의 가정의 역사이고도 한 것이다. 나의 존재는 나의 가정의 기념비인 것이다."[17]

가정은 전쟁과 여러 면에서 반대의 입장에 있게 된다.

> "평화의 환경은 가정이요, 그래서 하느님과 인간의 관계도 한 가족으로서 이해된다. 평화의 환경은 동일자와 이타자가 서로 얼굴을 마주 보는 분위기이다. 나는 그 이타자를 마음대로 할 수 없고 오히려 나의 자유는 그 이타자를 마중함으로써 그 이타자에 관여됨에서 현실화되는 것이다."[18]

그런 점에서 천지는 부모와 같은 것으로 이해될 때 평화가 유지되는 길이 열리는 것이다. 우주(宇宙: 집 宇, 집 宙)는 글자 그대로 집인 것이다. 그런 점에서 통일교의 '천주天宙'는 천지의 우주공간을

---

17. 김형효, 같은 책, 40쪽.
18. 김형효, 같은 책, 42쪽.

가정으로 바라보게 하는 시적 은유와 신학적 개념이 동시에 실현되어 있는 용어이다.

> "언제나 인간의 만남은 이상한 것에 대한 인사이다. 그러므로 평화의 대화는 존재론적인 익명의 전체성을 전제로 해서 가능한 것이 아니라 바로 '형이상학적인 별리別離'와 '형이상학적인 친밀성'을 전제로 해서 가능한 것이다."[19]

전쟁은 가정의 적이다. 전쟁은 국가를 위해서 가정의 파괴를 일삼는다.

> "전쟁은 자기와 다른 이타성을 말살시킬 뿐만 아니라 또한 동일성조차도 파괴시킨다. 전쟁 속에서 나타나는 존재의 모습은 전체성 속에 고정되어 버린다. 원래 평화의 환경이란 가정에서 본 바와 같이 동일과 이타의 친밀감이요, 풍요성이건만 전쟁 속에서 동일자와 이타자는 그들도 모르는 사이에 그들을 명령하는 힘의 압력 밑에서 단지 폭력의 단위로 변하고 만다. 이미 폭력의 단위로 변한 그들의 존재 의미는 오직 전체성이 요구하는 명령 속에서만 발견된다."[20]

여성과 마중의 사랑이 없다면 남자는 방랑자가 되거나 고아가

---

19. 김형효, 같은 책, 43쪽.
20. 김형효, 같은 책, 41쪽.

될 것이다. 그런 방랑자와 고아가 인간인 것이다. 다시 말하면 인간이 방랑자나 고아의 신체를 면하려고 한다면 여성성을 다시 존중하지 않으면 안 된다는 말이다. 마고여! 여신이여! 돌아오라.

유엔과 평화,
평화유엔

　1950년 6월 25일 한국전쟁이 발발하자 하루 만에 유엔UN은 안전보장이사회를 소집하였고, 한국파병을 결의했다. 유엔결의가 있은 지 12일 만인 7월 7일 유엔군이 창설되었고, 3년간의 전쟁 끝에 유엔은 휴전을 성립하게 된다. 유엔이 창설되지 않았으면 오늘의 한국은 물리적으로 탄생할 수 없었던 나라였다.

　마치 한국을 위해 유엔이 만들어지고 유엔군이 파병된 듯한 착각을 일으키게 할 정도의 사건이 유엔의 성립과 한국전쟁 파병이었고, 이를 두고 천우신조天佑神助라고 하지 않을 수 없다. 유엔이 없었다면 오늘의 한국은 결코 존재할 수 없었으며, 유엔이 분쟁지역에 파병을 한 것은 한국전쟁이 최초였다.

　유엔군의 한국파병은 문선명 총재의 생환과 직접적으로 관련이 있는 것은 잘 알려진 사실이다. 한국전쟁 중에 예수님이 공중[21]에 나타났고, 예수님의 현현과 더불어 한국전쟁은 거룩한 전쟁이 되었고, 섭리의 나라인 한국을 구하기 위해 민주세계가 총동원되어 치른 전쟁이 한국전쟁(혹자는 제3차 세계대전이라고 본다)이다.

UN(국제연합)은 문 총재의 세계복음화 사업과 지상천국(천일국) 건설을 수행하는 데 있어서 전략적·핵심기관으로 떠오르고 있다. 문 총재는 1971년 미국으로 이주한 뒤 UN이 세계평화의 유지라는 창설목적을 수행할 수 있도록 정성을 기울였으며, 뉴욕 맨해튼 매디슨 에비뉴의 맨션에서 UN PR팀이 상주하도록 조처했다. 이는 UN이 그만큼 중요하였기 때문이며, UN을 통한 다양한 섭리활동을 할 것을 예고하는 것이었다.[22]

이후 문선명·한학자 총재의 다양한 섭리활동 중 세계평화여성연합(1992년 4월 10일 창립)을 주목할 필요가 있다. 여성연합이 유엔 NGO단체가 되고, 그동안 괄목할 만한 활동과 업적을 기록한 것은 매우 전략적인 성취였으며, 여성연합은 바로 세계평화통일가정연합 창립(1996년)의 밑바탕이 되었음은 주지의 사실이다. 여기서 여성성을 바탕으로 가정연합의 미래가 설계되었음을 알 수 있다.

무엇보다도 세계평화여성연합의 창립과 함께 곧 이어 '메시아 선포(1992년 7월 3일)'가 이루어졌다는 사실은 어떤 점에서 메시아를

---

21. 한국전쟁 중 미국 전투기 조종사가 우연히 찍은 북한 상공에 현현한 예수님의 형상 (1950년 10월 20일, 프랑스 'Paris Match'지 게재)
22. 문 총재의 세계평화를 위한 구상 중에 '유엔과 세계평화'에 대한 자세한 내용에 관해서는 다음을 참조. 세계평화통일가정연합, 『天聖經』, 성화사, 2013.

보호하는 기구가 바로 여성연합임을 말해주는 것이기도 하다. 한 학자 총재를 중심하고 여성해방의 선포와 더불어 세계평화여성연합 대회가 벌어진 것은 일종의 여성시대를 위한 천주적 합창이라고 여겨진다.

문선명 총재는 1993년 1월 3일 신약시대의 완성과 성약시대의 출발을 선포했고, 통일교 창립 40년째 되던 1994년 5월 1일 세계평화통일가정연합시대를 선언했다. 이어 1996년 7월 30일 미국 워싱턴 D.C에서 가정연합 창립 세계대회를 열어 만천하에 선포했다.

세계평화여성연합은 여성들의 모임으로 겉으로 보면 미약한 것 같지만 섭리적 측면에서는 매우 중요하며, 앞으로 운영 여하에 따라서는 교회 전체를 이끌어가는 '봉사단체'로서 대對 사회의 창구가 될 수 있음은 물론이고, 교회 중심세력으로서 성장하여야 하는 시대적 사명을 안고 있다.

여성과 어린이는 말할 것도 없이 '평화의 상징'이다. 여성성에 대한 상징적 이해(다원다층의 해석)가 있으면 인류의 미래 평화문화에 쉽게 적응·대처할 수 있을 것이다. 여성의 출산양육, 모국어교육, 사랑할 수 있는 인간으로의 자녀교육 등은 어머니에 의해 이루어지는 대표적인 것이다. 세계평화여성연합이야말로 여성성을 바탕으로 하는 '희생과 봉사를 대표하는 기관'이라고 할 수 있다.

UN은 하나님 나라 창건을 위해 하늘이 준비한 최고의 섭리기관임에 틀림없는 것 같다. 참부모로 오시어 거짓사랑으로 이루어진 타락한 가정을 참사랑을 중심한 참가정으로 복귀하도록 해야 할 천명을 진 문 총재로서는 세계를 조직하고 통치할 수 있는 기구가 반드시 필요했던 것인데 그것이 바로 UN이다.

문 총재의 생애의 목적과 방향성은 UN과 불가분의 관계에 있다. 1920년 국제연맹LN이 창설되던 해에 탄생했고, 다시 1945년 국제연합UN으로 재탄생되었을 때 공생애를 출발하게 된 점을 상기할 필요가 있다.

문 총재는 2000년 8월 18일 뉴욕 유엔본부에서 "세계와 유엔의 나아갈 길"을 통해 다음과 같이 밝히셨다. "몸과 외적인 세계를 대표하는 정치인이나 외교가들의 경륜과 실천만이 아니라 마음과 내적인 세계를 대표하는 초종교지도자들의 지혜와 노력이 합해져야 평화세계가 완전히 이룩될 수 있습니다. 그런 점에서 유엔을 재구성하는 문제까지 심각히 고려해야 될 때입니다. 아마 양원제의 형태를 갖춘 유엔을 상상할 수도 있을 것입니다. 국가 대표들로 이루어진 기존의 유엔을 각 국가 이익을 대변하는 하원으로 바꾸어 생각할 수 있습니다. 한편 저명한 초종교지도자 등 정신세계의 지도자들로 종교의회 혹은 유엔의 상원을 구성하는 것을 심각히 고려할 것을 당부합니다. 이때 초종파적인 종교의회는 지역적인 개개 국가의 이해를 넘어서 지구성과 인류 전체의 이익을 대변해야 될 것입니다. 그리고 양원이 상호 존중하고 협력함으로써 평화세계를 이루는 데 크게 기여할 수 있을 것입니다. 세계 지도자들의 정치적인 경륜은 세계의 위대한 초종교지도자들의 지혜와 비전에 의해서 효과적으로 보완될 수 있습니다."[23]

---

23. 세계평화통일가정연합, '세계와 유엔이 나아갈 길', 『平和經』, 1394쪽.

세계평화여성연합은 유엔 NGO기구로서 아벨유엔·종교유엔의 창설에 보이지 않는 대행기구agency로서 막후에서 역할을 해야 한다. 현재 국가유엔이라고 할 수 있는 UN활동의 가장 큰 문제점은 2차 세계대전의 연합국들로 구성된 안전보장이사회의 강대국 중심의 운영이라는 점이다. 물론 강대국의 협조가 없이는 유엔이 제대로 운영될 수도 없지만, 강대국의 패권주의가 자제될 때, 진정한 평화평등의 유엔이 될 수 있다.

오늘날 경제 이외의 전쟁은 주로 서로 다른 종교와 문화풍습에 따른 것이 대부분이다. 그래서 서로 다른 인류의 종교를 자리매김 하게 하고 소통시키며, 종교 간의 분쟁을 막고 국제평화를 증진시키는 일은 유엔의 새로운 과제라고 하지 않을 수 없다.

국가는 전쟁과 문명의 산물이다. 따라서 국가유엔이라고 할 수 있는 현재의 유엔은 이른바 종교유엔에 의해서 보완되지 않으면 안 된다. 국가라는 것이 반드시 악이라고는 할 수 없지만, 평화를 추구하는 종교유엔을 통해서 더욱더 평화에 접근하는 노력을 하지 않으면 인류의 평화를 기대할 수 없다.

초종교·초국가 유엔의 설립이 필요한 것은 이 때문이다. 국가가 전쟁의 산물이었다면 국가유엔이 아닌 처음부터 평화를 지향하는 종교유엔이 설립되어 상호 보완되어야 명실공히 국가와 종교가 하나가 된 '완성된 유엔'이 될 것이기 때문이다.

13장

여성시대는
평화시대

– 평화철학, 평화종교, 평화시대를
실현하지 못하면
인류는 공멸한다

"결혼은 왜 해야 하는 것입니까? 주인의 자리를 찾기 위한 것입니다. 남자나 여자나 혼자서는 반쪽 인간밖에 되지 않습니다. 하나님의 창조가 그렇게 되어 있습니다. 그래서 하나님께서는 사랑의 기관인 생식기의 주인을 서로 엇바꾸어 놓은 것입니다. 아내의 생식기 주인은 남편이고, 남편의 생식기 주인은 아내입니다. 서로 위해 주는 사랑을 중심 삼고서야 상대의 주인 자리에 설 수 있습니다. 이런 주인의 자리를 확보하기 위해 인간은 결혼을 하는 것입니다. 주인의 자리를 찾아서는 무엇을 하자는 것입니까? 그 자리에서 하나님의 사랑을 점령하자는 것입니다. 하나님은 3대 사랑의 주체이십니다. 천주의 주인으로서 참사랑의 스승, 참사랑의 주인, 참사랑의 부모이십니다. 이것이 바로 진정한 3대 주체사상입니다. 이런 모든 가르침과 진리가 참된 모델적 가정의 삶을 중심삼고 창출되는 것이며, 이것을 확대하면 사회와 국가 그리고 세계와 천주까지도 모델적 이상가정의 평화왕국으로 바꿀 수 있는 것입니다."

－『天聖經』, 1393-1394쪽

남성성과
여성성의 차이

　남자는 자신의 이상을 실현하기 위해 살신성인할 수 있다. 그 속에는 어디까지나 자아와 정체성과 역사가 있다. 남자의 이상은 자신의 몸 밖에 있다. 그래서 남자의 이상은 개체와 집단을 다스리고, 그것은 권력적 형태를 띤다. 남자는 보충대리적補充代理的 존재이다. 말하자면 이상을 계속해서 생산하는 존재이다. 이런 것을 두고 남자는 하늘을 향하여 초월하는 존재라고 말할 수 있다. 성인들은 그 대표적인 인물들이다.

　여자는 자신의 이상을 실현하는 것이 아니라 자식의 보존을 위해서 자신의 몸을 희생할 수 있다. 여자의 본능은 자연의 이어짐(재생산)에 있다. 여자는 자아와 정체성과 역사를 버릴 수 있다. 여자의 본능은 비권력적이며, 공동체적이다. 여자는 보충대신적補充代身的 존재이다. 말하자면 몸을 재생산하는 존재이다. 이런 것을 두고 여자는 바다에서 자신의 몸을 던지는 존재라고 말할 수 있다.

심청전은 그 대표적인 설화이다.

남자는 진리를 몸 밖에서 찾는다면 여자는 진리를 몸 안에서 찾는다. 그래서 남자는 진리의 여성성을 찾느라고 세계와 여성을 대상적 존재로 본다. 말하자면 남자에게 진리는 매우 여성성을 띤다. 이에 비해 여자는 진리를 몸 안에서 찾는다. 숫제 진리에 별 관심도 없다. 그래서 남자의 진리를 진리眞理라고 한다면 여자의 진리는 진리가 아니라 진여眞如라고 말할 수 있다.

남자의 진리는 밖으로 표방하는 깃발을 세우는 기표적記標的, 旗標的인 것이지만, 여자의 진리는 표방하기보다는 그렇게 여여如如하게 있는 기의적記意的인 것이다. 여성적 진리는 몸 밖에서 진리를 찾는 존재자적인 것이 아니고 몸 안에서 진리를 찾는 것이기 때문에 존재적(생성적)인 진리라고 말할 수 있다. 여성적 진리는 자신의 몸속에서 결국 평화와 만족을 찾는 것이다.

서양철학이 여성적 진리에 대해 전혀 몰랐던 것은 아니다. 그런데 그것이 잘못되었던 것은 철저하게 가부장-남성주의-기독교 사회체제였던 서양에서 그것을 갑자기 실현하려고 하니 벽에 부딪혔던 셈이다. 마르크스의 해방과 평등사상은 그러한 점에서 매우 기독교적이면서 반기독교적이다.

마르크스의 결정적 약점은 바로 기독교 문명 속에서 신을 부정한 무신론無神論을 주장한 점과 공산사회의 이상을 실현하기 위해 급진적인 계급투쟁을 선동한 점이다. 그래서 그는 최초의 원인 설정과 이상을 실현하는 방법론에서 실패한 것이다.

마르크스야말로 여성성을 깨달은 인물이다. 그의 유물론은 실은 서양철학의 실체론적 입장에서 여성성을 말하는 것이며, 소유로부터 존재로 돌아가고자 하는 열망을 가지고 있었다. 그래서 자유보다는 평등과 해방을 주장하였으며, 모계사회인 원시공산사회를 모방하는 새로운 이상으로서의 근대적 공산사회를 꿈꾼 인물이다.

마르크스가 실패한 이유는 국가라는 철저한 가부장사회와 그것이 이루는 종합적인 권력체제를 그대로 두고 성급하게 새로운 모계–모성사회를 꿈꾼 시대착오 때문이다. 인간에게 그동안 쌓아온 욕망과 이성을 한꺼번에 버리라고 요구하는 것은 무리이다. 권력체제는 계급투쟁이라는 단순한 운동으로는 붕괴시킬 수 없는 것이었다.

역사적으로 볼 때 미래 인류사회는 출계는 부계(아버지의 성씨)를 따르면서 사회운영은 모성중심인 '부계–모성사회'가 될 공산이 크다. 마르크스의 '유물론–공산사회'는 '물질Matter–어머니Mater'의 공통성과 공감대 위에 있었고, 말하자면 여성성으로 회귀하는 전반적인 성향을 보였지만 무신론과 계급투쟁으로 실패한 셈이다.

이에 비하면 니체는 유물론이라는 서양철학의 극단적 허무주의를 만나서 그것을 극복하기 위해서 남성성을 더욱 강화한 인물이다. 그 철학이 바로 '힘(권력)에의 의지'철학인 것이다. 니체는 비록 초월세계의 허구성을 폭로하고 신의 죽음의 선언을 통해 '대지에 충실하라'는 전령사의 역할을 하지만 아직 남성적 지배나 권력을 추구하고 있는 것이라고 말할 수 있다. 니체의 권력에의 의지도 세계의 평화와 개인의 안심입명安心立命과 기쁨, 즉 자쾌自快를 달성하기에 적합한 것은 아니었다.

서양의 근·현대철학을 대표하는 이 두 철학자는 본인의 뜻과 상관없이 역사 속에서 전체주의, 즉 소비에트 전체주의와 히틀러의 파시즘을 생산하고 역사의 뒤안길에 물러서고 말았다. 마르크스와 니체는 서양문명의 허무를 직면하고 그것을 극복하기 위한 방안을 제시했는데 실패하고 말았다. 한 사람은 '이상적 공산사회'를, 다른 한 사람은 '개인적 초인사회'를 제시했던 셈이다.

신神-성현聖賢-메시아 등도 남성성만으로 인류의 최종목적인 '인류평화의 세계'를 완성시킬 수 없다. 가부장의 남성성은 결국 평화를 주장하더라도 그 속에 전쟁을 포함하고 있기 때문이다. 앞장에서도 말했지만 '팍스Pax=peace'라는 말은 평화를 상징하지만, 그것은 어디까지나 하나의 세계권력, 즉 제국주의를 통해서 실현되는 것을 의미하기 때문에 한 나라가 세계를 제패하는 전쟁과 패권주의를 전제하고 있다.

가부장의 철학과 종교와 정치체제가 인류를 구원하지 못한다는 것은 이미 역사가 증명한 바 있다. 지금은 르네상스의 시대가 아니라 원시반본의 시대이다. 원시반본이라는 말은 여성성에 의해 구원과 평화를 얻는 지혜를 발휘하지 않으면 안 된다는 뜻이다.

인류의 평화는 강력한 지배자에 의해 실현되는 것이 아니라 깨닫는 여러 사람들, 즉 각자覺者에 의해서 점차 실현되어 갈 것이다. 인간은 이제 인구의 확장을 위해서 자연을 무작정 정복할 것이 아니라 환경과의 대화를 통해 생태적 인간으로 돌아가지 않으면 안 된다. 여기서 '생태적ecological 인간'이라는 말은 인간과 인간의 평화만이 아니라 인간과 자연과의 평화를 통해서 궁극적으로 인간사회의 평화를 실현할 수 있음을 말하는 우회기동迂廻機動이다.

여성이야말로 자연의 상속자가 아닌가. 아무리 고도로 발달한 기계적 사회라고 하더라도 아이는 아직 여성의 몸으로 태어나고 있으며, 여성은 그로 인해 자연의 감각을 지니고 있지 않을 수 없다. 여성이야말로 신체적인 인간이며, 개념보다는 사물에 대한 감각적 이미지로 세계를 인식하고 있는 시인이며, 의미조차도 육식六識이 아니라 육감肉感으로 파악하고 있지 않은가! 여성들은 본능적으로 알고 있다. 이제 여성시대가 다가왔음을!

여성적 진리는 평화의 진리일 수밖에 없다. 여성적 진리는 지금 그 자리에서 만족하는 '만족滿足의 진리'이며, '자연지족自然之足의 진리'이다. 자연적 존재의 진리이고, 이는 심물일원의 진리이고, 심물존재의 진리이고, 심물자연의 진리이다. 심물자연의 진리는 무엇을 새롭게 통합하거나 통일하는 진리가 아니고(시공간 속에 있는 진리가 아니고) 지금 있는 그대로의 자연의 진리이다.

여성에게는 몸의 현재적 느낌만이 있다. 여성의 육감은 현재적이고 종합적이고 총체적인 것이다. 여성의 몸과 자궁은 현재의 살아있는 매트릭스이다. 자연은 도덕과 과학으로부터 본래의 자연성을 회복하는 한편 모성성과 여성성을 회복하여 인류로 하여금 평화와 평등에 도달하게 할 것이다.

인류문명은 앞으로 겉으로는 부계, 속으로는 모성중심으로, 즉 부계-모성적으로 운영될 것으로 보인다. 음陰, 陰은 양量, 陽의 바탕이다. 권력의 철학은 '양量, 陽'을 우선하지만 비권력의 철학은 음을 우선한다.

유대인과
한국인

유대인과 한국인은 참으로 닮은 점이 많다. 어쩌면 지구적으로 평행관계에 있는지도 모른다. 같으면서도 다르고 다르면서도 같다. 유대인과 한민족은 유난히 민족적 정체성을 가지고 있다. 이는 역사 전개에서 남의 나라(민족)의 수많은 침략을 받거나 아니면 나라 없는 설움을 가진 유랑민족이 가지는 특성과 관련이 있다. 유대인은 아예 나라가 없었고, 한국인은 작지만 나라를 경영해 온 점이 다르긴 하다. 그러나 두 민족 모두 생존적 차원에서 하늘신앙을 고집하지 않으면 안 되는 본능 같은 것이 잠재해 있는 것 같다.

유대인은 선민選民사상에 빠져있고, 한국인은 천손족天孫族사상에 빠져 있다.[1] 선민사상과 천손사상은 원천적으로 좀 다르다. 선민은 하나님의 선택을 받은 민족이라는 뜻이고, 천손은 하나님의

---

1. 박정진, 『미친 시인의 사회, 죽은 귀신의 사회』, 신세림, 2004, 22-25쪽 참조.

혈통이라는 뜻이다. '선민選民'의 선택주의는 항상 선택을 하는 주체와 대상이 있기 때문에 절대주의와 통한다.

이에 비해 '천손天孫'의 하나님의 혈통이라고 하는 쪽은 그것을 절대적으로 강조하지 않는다면('천손=하늘의 손자'는 '천자=하늘의 아들'보다 훨씬 덜 권력적이다) 더 자연스럽고 당당한 편이다. 왜냐하면 다시 선택을 받지 않아도 되기 때문이다.

유대인이 사는 곳은 사막이고, 한민족이 사는 곳은 소위 삼천리 금수강산이라고 하는 산 좋고 물 맑은 곳이다. 유대인은 유목생활을 하고, 한민족은 농경생활을 해왔다. 유대인은 유목으로 생존하기 위해서 좀 더 가부장적이 되지 않을 수 없었고, 한민족은 농업적 환경으로 인해 모성성을 오래 유지했던 것 같다.

유대인의 민족종교인 유대교는 오늘날 '여호와(하나님 아버지)'라는 유일절대신을 믿고 있고, 한국인의 '단군(할아버지)신앙'은 그 절대성이 약하다. 더욱이 단군신앙 속에는 삼신할머니 신앙도 숨어 있다. 말하자면 한국의 단군신앙은 겉으로는 남성성이지만 속으로는 여성성을 동시에 가지고 있는 것이다. 그런 점에서 유대교와 단군신앙을 비교하면 상대적으로 유대교는 남성성, 단군신앙은 여성성을 대변한다고 볼 수 있다. 유대교-유대인의 하나님은 존재적 하나님이고, 단군신앙-한민족의 하나님은 생성적 하나님이다.

서양(유대기독교)은 하늘과 땅이 이분화되어 양자가 서로 대립-지배의 관계였다면, 동양(단군샤머니즘)은 하늘과 땅이 하나로 서로 생성 순환적 관계에 있다. 전자는 부성적父性的 문화문명이고, 후자는 모성적母性的 문화문명이다.

유대교는 예수의 등장과 더불어 세계적인 기독교가 되었고, 유대교 유일신의 절대신앙—절대정신은 오늘날 그리스로마 문명의 이데아idea · 이성ration과의 융합을 통해 서구문명의 핵심을 이루고 있다. 다시 말하면 서양의 '절대'정신은 종교와 철학과 과학과 경제에까지 범문화적으로 영향을 미치고 있다.

이는 간단하게 말하면 유대사상의 확대재생산이라고 말할 수 있다. 어쩌면 유대기독교의 절대사상 속에 이미 파시즘이 내재해 있는지도 모른다. 그 속에는 가부장적 남성 혈통주의(권력주의)—이성주의가 있고, 실체적(인격적) 하나님 속에는 소유적 존재와 그것의 증대가 있고, 인류로 하여금 전쟁을 일으키게 하고 있는지도 모른다. 이에 비하면 한국의 '단군檀君—마고麻姑주의'[2]는 하나님의 남성성(아버지)과 여성성(어머니)이 공존하는 관계로 천지의 평화, 남녀의 평등을 통해 세계평화주의를 지향하고 있는지도 모른다.

인류의 진정한 혈통은 여성에 의해서 확인될 수 있고, 보장된다. 이는 여성이 끊어지지 않는 '미토콘드리아 이브'라는 유전적 DNA을 가진 것에서도 확인할 수 있다. 유대인도 자신의 혈통을 확인하려면 어머니의 혈통을 통해 추적할 수 있을 뿐이다.

'한'페닌슐라Peninsula에 머물면서 오랫동안 한민족의 여성적 혈통을 유지해 온 한민족에게서 인류의 평화와 평등을 이루는 인류대사업을 성취할 수 있는 단초를 찾을 수 있다. 그래서 인류의 어머

---

2. 박정진, 『지구 어머니 마고』, 마고북스, 2014 참조.

니 마고여신의 신화도 한국 땅에 가장 온전한 상태로 보존되어 있는 것이다.

한민족은 실은 여성적 혈통의 보고이다. 세계의 모든 정복자들은 동서남북의 교차로인 한韓페닌슐라[3]를 통과했으며, 지금 세계의 종교가 여기에 다 모여 별반 종교분쟁 없이 화목하게 잘 살고 있는 것은 한국이야말로 후천선경세계의 정착지라는 것을 말해준다. 한국이 아니라면 벌써 종교전쟁이 일어났을 것이다.

오늘날 한국이 종교백화점이 되어 있는 것은 세계 여러 신들을 하나의 그릇에 담을 수 있는 종교적 심성과 토대를 한국인 마음이 가지고 있음을 증명하고도 남음이 있다. 만약 인류 종교의 화합과 평화가 실현된다면 반드시 한국에서 그 모델을 찾을 수밖에 없을 것이다.

한국문명은 인류문명의 원형문명으로서 인류의 4대문명 이전의 '조상문명'이라고 할 수 있다. 오늘날 중국 요령성에서 발굴되는 지금부터 9천 년 전의 요하遼河를 중심한 '홍산문명弘山文明'은 이를 잘 말해준다. 홍산문명에서 출발한 인류문명은 지구를 한 바퀴 돌아 현재 한국으로 원시반본原始返本하고 있다. 한국은 따라서 세계

---

3. 페닌슐라는 흔히 반도(半島)라고 번역되어 있는데 이는 일본 사람이 섬(島)나라인 자신의 나라에 대한 콤플렉스로 인해 대륙의 돌출한 부분을 섬보다 못한 '반섬'이라고 비하한 용어이다. 페닌슐라는 본래 대륙에서 페니스처럼 돌출한 부분을 말한다. 세계적으로 우리나라와 같은 지형을 반도(半島)라고 부르는 나라는 우리나라와 일본밖에 없다. 보편적으로 'peninsula'는 pen+insula의 합성어로 영영사전은 "바다를 향해 줄기차게 뻗어나간 대지의 뿌리 또는 줄기"라고 한다. 반도라는 용어를 사용하는 한, 우리는 일본의 본섬(本島)에 반밖에 되지 못하는 반섬(半島)의 사람이 되고 마는 셈이다.

의 미래문명의 기본 틀과 형태를 만들어주는 나라이다.

한국이 남북통일을 달성하고 40-80클럽(국민소득 4만 달러, 인구 8천만 명)에 가입하면서 세계의 일등국이 된다는 주장들이 심심찮게 거론되고 있다. 일찍이 황무지 같은 한국 땅에서 전 세계인을 향해 "세계 속의 한국", "한국통일과 세계평화", "세계와 남북통일은 참사랑으로" 등의 말씀을 선포하신 행위는 미래의 비전을 미리 앞당겨 예고하신 것이다.[4] 지금 우리 한국인들은 경제와 안보에도 신경 써야 하지만 남북통일의 주인, 평화세계 재창조의 주인이 될 수 있는 이념, 바로 통일사상, 두익頭翼사상의 연구와 보급에 힘써야 할 것이다. 좌익과 우익을 서로 소통시키는 두익의 관점은 마치 싸우는 형제들을 화해시키는 부모의 관점이다. 바로 이 참부모의 사상을 소통과 공감의 달인인 여성들이 먼저 깨닫고 국민화합과 통일의 역사를 써간다면 대한민국은 다시 창조적 도약을 이룰 것이다. 여성과 평화! 이 두 사태에 남북통일과 세계평화 실현의 비밀이 녹아 있다.

---

4. 오늘날 한국의 지도자들은 『平和經』 말씀 중에 제8편 '한국통일과 세계평화'를 주의 깊게 훈독할 필요가 있다.

◇心中 朴正鎭선생 주요 저서·시집 목록

○ **저서**(47권)

〈한국문화 심정문화〉(90년 미래문화사)

〈무당시대의 문화무당〉(90년, 지식산업사)

〈사람이 되고자 하는 신들〉(90년, 문학아카데미)

〈한국문화와 예술인류학〉(92년, 미래문화사)

〈잃어버린 仙脈을 찾아서〉(92년, 일빛출판사)

〈선도와 증산교〉(92년, 일빛출판사)

〈천지인 사상으로 본—서울올림픽〉(92년, 아카데미서적)

〈아직도 사대주의에〉(94년, 전통문화연구회)

〈발가벗고 춤추는 기자〉(98년, 도서출판 화담)

〈어릿광대의 나라 한국〉(98년, 도서출판 화담)

〈단군은 이렇게 말했다〉(98년, 도서출판 화담)

〈생각을 벗어야 살맛이 난다〉(99년, 책섬)

〈여자의 아이를 키우는 남자〉(2000년, 불교춘추사)

〈도올 김용옥〉(전 2권)(2001년, 불교춘추사)

〈정범태(열화당 사진문고)〉(2003, 열화당)

〈붉은 악마와 한국문화〉(2004년, 세진사)

〈미친 시인의 사회, 죽은 귀신의 사회〉(2004년, 신세림)

〈대한민국, 지랄하고 놀고 자빠졌네〉(2005년 서울언론인클럽)

〈여자〉(2006년, 신세림)

〈불교인류학〉(2007년, 불교춘추사)

〈종교인류학〉(2007년 불교춘추사)

〈玄妙經-女子〉(2007년, 신세림)

〈성(性)인류학〉(2010, 이담)

〈예술인류학, 예술의 인류학〉(2010, 이담)

〈예술인류학으로 본 풍류도〉(2010, 이담)

〈단군신화에 대한 신연구〉(2010, 한국학술정보)

〈굿으로 보는 백남준 비디오아트 읽기〉(2010, 한국학술정보)

〈박정희의 실상, 이영희의 허상〉(이담북스, 2011)

〈철학의 선물, 선물의 철학〉(2012, 소나무)

〈소리의 철학, 포노로지〉(2012, 소나무)

〈빛의 철학, 소리철학〉(2013, 소나무)

〈니체야 놀자〉(2013, 소나무)

〈일반성의 철학, 포노로지〉(2014, 소나무)

〈지구 어머니, 마고〉(2014, 마고북스)

〈니체, 동양에서 완성되다〉(2015, 소나무)

〈메시아는 더 이상 오지 않는다〉(2014, 미래문화사)

〈메시아는 더 이상 오지 않는다(개정증보판)〉(2016, 행복한에너지)

〈평화는 동방으로부터〉(2016, 행복한에너지)

〈평화의 여정으로 본 한국문화〉(2016, 행복한에너지)

〈다선(茶仙) 매월당(梅月堂)〉(2017, 차의 세계)

○ **전자책**(e-북) **저서**

〈세습당골─명인, 명창, 명무〉(2000년, 바로북닷컴)

〈문화의 주체화와 세계화〉(2000년, 바로북닷컴)

〈문화의 세기, 문화전쟁〉(2000년, 바로북닷컴)

〈오래 사는 법, 죽지 않는 법〉(2000년, 바로북닷컴)

〈마키아벨리스트 박정희〉(2000년, 바로북닷컴)

〈붓을 칼처럼 쓰며〉(2000년, 바로북닷컴)

○ **시집**(10권, 1000여 편)

〈해원상생, 해원상생〉(90년, 지식산업사)

〈시를 파는 가게〉(94년, 고려원)

〈대모산〉(2004년, 신세림)

〈먼지, 아니 빛깔, 아니 허공〉(2004년, 신세림)

〈청계천〉(2004년, 신세림)

〈독도〉(2007년, 신세림)

〈한강교향시〉(2008년, 신세림)

전자책(e-북) 시집:

한강은 바다다(2000년, 바로북닷컴)

바람난 꽃(2000년, 바로북닷컴)

앵무새 왕국(2000년, 바로북닷컴)

○ 소설(7권)

〈왕과 건달〉(전 3권)(97년, 도서출판 화담)

〈창을 가진 여자〉(전 2권)(97년, 도서출판 화담)

전자책(e-북) 소설:

〈파리에서의 프리섹스〉(전 2권)(2001년, 바로북닷컴)

○ 전자책(e-북) 아포리즘(36권)

〈생각하는 나무: 여성과 남성에 대한 명상〉 등 명상집(전 36권)(2000년, 바

로북닷컴)

하루 5분 나를 바꾸는 긍정훈련

행복에너지

**'긍정훈련'당신의 삶을
행복으로 인도할
최고의, 최후의'멘토'**

'행복에너지
권선복 대표이사'가 전하는
행복과 긍정의 에너지,
그 삶의 이야기!

인터파크
자기계발 분야 주간
베스트 1위

권선복 지음 | 15,000원

권선복

도서출판 행복에너지 대표
지에스데이타(주) 대표이사
대통령직속 지역발전위원회
문화복지 전문위원
새마을문고 서울시 강서구 회장
전) 팔팔컴퓨터 전산학원장
전) 강서구의회(도시건설위원장)
아주대학교 공공정책대학원 졸업
충남 논산 출생

책『하루 5분, 나를 바꾸는 긍정훈련 - 행복에너지』는 '긍정훈련' 과정을 통해 삶을 업그레이드하고 행복을 찾아 나설 것을 독자에게 독려한다.
긍정훈련 과정은 [예행연습] [워밍업] [실전] [강화] [숨고르기] [마무리] 등 총 6단계로 나뉘어 각 단계별 사례를 바탕으로 독자 스스로가 느끼고 배운 것을 직접 실천할 수 있게 하는 데 그 목적을 두고 있다.
그동안 우리가 숱하게 '긍정하는 방법'에 대해 배워왔으면서도 정작 삶에 적용시키지 못했던 것은, 머리로만 이해하고 실천으로는 옮기지 않았기 때문이다. 이제 삶을 행복하고 아름답게 가꿀 긍정과의 여정, 그 시작을 책과 함께해 보자.

『하루 5분, 나를 바꾸는 긍정훈련 - 행복에너지』